KB127058

카이스트 혁신, 10년

2001~ 2010

▲ 장순흥

▲ 장순흥 교수(우), 이광형 교수(좌)

카이스트 혁신, 10년을 회고하며

생동감과 열정으로 가득한 과학자 및 젊은 미래 과학자들이 4차 산업혁명의 시대와 AI, 빅데이터 등 정보기술의 다변화와 인지 사회로의 변화기에 대응하기 위해 학구열과 연구에 몰입하며 발전을 거듭해온 카이스트가 2000년대 초반 많은 변화와 다양한 리더십을 통해 발전했던 점을 되짚어 보고자 합니다.

국내 선도대학을 넘어서 세계적인 대학으로 도약하게 되었던 200~2010년도 주요 사업과 리더십을 되짚어 보며 중요한 몇 가지 메시를 던지고자 합니다.

카이스트는 1971년 이공계 연구중심대학원으로 시작되어 2001년 6월~2004년 5월 제 11대 홍창선 총장, 2004년 7월~2006년 7월 제12대 러플린(1998 노벨물리학상 수상자) 총장, 2006년 7월~2013년 2월 제 13·14대 서남표 총장 시절을 거치면서 격변의 시기와 훌륭한 리더십으로 크게 발전하며 세계적인 대학으로 도약했던 시기였다고 말할 수 있습니다.

카이스트는 우리나라 과학기술 뿐 아니라 대한민국의 산업화 태동기 국가발전에 기여했고, 교육의 선도적 역할을 주도하면서 대학의 발전과 세계적인 대학으로 도약하는데 진취적이고 도전적인 역할을 감당했다고 자긍심을 갖고 있습니다.

또한 입학사정관제, 교원 정년보장(테뉴어) 제도, 교원 임용제도, 인류사회의 문제 해결 연구 및 대학의 기부문화 등 굵직한 이슈들을 던지며 화제를 일으켰던 시기였습니다.

미래 인류의 문제를 찾고 문제를 해결하고 창조적인 미래를 열어가는데 앞장서 왔고, 국가와 국민이 부여한 카이스트의 역할을 잘 감당하며, 이제는 세계가 과학기술의 발전으로 예측할 수 없이 크게 발전하는 시대에 창의적이고 도전적인 교육과 연구문화 정착으로 문제의 해결에서 문제의 정의를 선도하는 글로벌 가치창출 대학으로 교육, 연구, 기술사업화, 글로벌화, 미래 선도 혁신 대학이 되어가고 있습니다.

카이스트는 국제적인 대학의 반열에 올라섰으며, 제4차 산업혁명기 태동기에 국가 발전과 미래의 기회를 주도할 산업의 기회를 창출하고 국가발전의 희망과 자신감을 더욱 불어 넣는 기관이 되기 위해 끊임없이 인공지능, 블록체인, 바이오/뇌 생명공학, 신재생에너지, 로봇 분야 등 혁신적인 기술과 변화를 준비하고 선도하는 융합교육과 융합 연구의 혁신을 통한 리더십으로 미래교육, 인재 육성을 하고 있는 대학으로 성장해 가고 있습니다.

이렇게 카이스트를 이끌어온 리더(총장 및 주요 보직)들의 대학 경영 리더십에 대한 경험을 통찰해보며 어려웠던 시기를 극복하고 희망과 발전 그리고 크게 성장하게 된 이야기들을 통하여 훌륭한 대학 경영의 노하우인 리더들의 리더십과 메시지를 던지고자 이 책을 출간하게 되었습니다.

이 책의 출판에는 현재 카이스트 교학부총장으로 재직중인 이광형 교수(2001~2010년도 국제협력처장 및 교무처장 등 역임)께서 참여하여 많은 경험과 주요 사업 그리고 세계적인 대학으로 발전할 수 있도록 카이스트 교육프로그램의 질을 크게 향상시키는데 많은 기여를 아끼지 않았으며, 보직 수행시 추진했던 주요 사업들에 대하여 설명해주시고 의미를 되짚어주심에 매우 큰 역할을 해주셨습니다. 이 지면을 통해 진심으로 감사함을 전합니다.

카이스트와 한국정보통신대학(ICU)의 통합은 IT 분야 인적자원 및 재정 확충(자산 1조원 시대)으로 우수 신임교원과 학생 충원과 필수 물적 인프라 통합 구축에 의한 연구역량 제고로 2008년 1,550억 원에서 2009년 2,416억 원으로 크게 증가하는데 이용훈 정보과학기술대학장(ICC부총장)께서 통합에 크게 기여하는 역할을 수행하였습니다.

또한 카이스트 기부금이 2006년도 8,106백만 원에서 2007년 2,518백만 원, 2008년 26,877백만 원, 2009년 13,557백만 원, 2010년 37,732백만 원 등 기부금 확보에 발전재단 상임이사 김수현 교수께서 크게 기여하였습니다.

교육과 연구에 매진하는 교수님들이 학교 주요 보직을 약 10년 정도 오랜 기간 수행하며 학교 발전에 크게 기여한다는 것이 쉽지 않음에도 헌신과 열정을 쏟아준 동지이자 동료 교수님들께 진심으로 감사를 전하고자 합니다. 카이스트가 세계적인 대학으로 큰 도약을 이루는데 함께 해주셨기에 좋은 성과를 이룰 수 있었음에 큰 의미가 있었다고 생각합니다.

또한 카이스트의 시대적인 이벤트 및 기록 등을 정리해주고 준비해준 노시경 님에게도 고마움을 표현하고자 합니다.

마지막으로 지금까지의 모든 것에 대해 하나님께 감사드리며, 그리고 그동안 함께 해주신 행정직원, 동료교수, 학생들 모두에게 감사드립니다.

또한 중요한 메시지는 '대학이 계속해서 무엇을 해야 될까'를 고민하며 지속적으로 새롭게 무엇을 해야 될까를 찾으려 하면 더욱 가능성도 커지고 카이스트는 그 역할을 해야 된다. 그래서 한국 대학의 롤모델이 되어야 되고, 새로운 것에 도전해야만 한다. 2001년에서부터 2010년까지는 카이스트가 제도에 얽매이지 않으려고 노력을 많이 했습니다. 계속적으로 새로운 것을 도전하고 또 무엇을 할 것인가 계속 고민하고 도전하면 카이스트가 물론 더욱 성장할 것이고, 이것이 바로 카이스트의 임무라고 생각합니다. 그런 것이 제가 바라는 것입니다."라고 말하며 마무리를 맺고자 합니다.

장순흥 드림

목차

머리말 카이스트 혁신, 10년을 회고하며

00	들어가기	12
01	카이스트의 현실, 2001년	21
02	카이스트의 환경	27
03	카이스트 새로운 도약의 기회	28
	−300억 기부 및 바이오시스템 학과 신설	
04	카이스트 I 나노 종합 팹 센디 선정 및 실치	32
05	카이스트 의과학대학원 설치 및 노무현 대통령 후보방문	35
06	글로벌라이제이션 프로젝트 : 2005 기획, 2006~2010 사업	38
07	입학사정관 제도(2008)	45
08	교원 테뉴어(정년보장) 및 혁신적 교원임용 시스템	47
09	카이스트 기부 Story: 578억, 515억 등 기부가 이어지고…	53
10	한국정보통신대학교(ICU)와 통합(2009)	63

맺은말	69
부록	75
카이스트 혁신 화보집	133

00 들어가기

이광형 지금의 카이스트를 움직이는 원동력은 2001~ 2010년 당시에 장순흥 교학부총장님께서 만들어놓으신 제도와 시스템입니다. 제가 보기에 동일한 제도 및 시스템에서 카이스트가 10년 정도 지속적으로 성장하고 있다고 보여집니다. 그때 만들어진 틀 속에서 움직이는 것이죠.

장순흥 그 시절 이광형 교수님은 저와 함께 주요 보직을 역임했던 동료 교수3였어요.

이광형 저는 그때 보조역할 했어요.

노시경 이광형 교학부총장님께서도 오랫동안 주요 보직을 역임하셨더라고요.

이광형 제가 2001년부터…

장순흥 네. 2010년까지.

이광형　맞아요. 2001년부터 2010년까지. 되돌아보니 제가 카이스트 행정 보직을 정확히 10년동안 수행했습니다.

장순흥　그런데 가만히 보니까 그동안 해왔던 일들이 많은 의미를 가지고 있어서 제가 이런 대담의 자리를 생각하고 기획하게 되었어요. 제가 다른 대학 총장님들께도 들은 이야기가 "카이스트가 2001년부터 2010년까지 10년 동안 다른 대학들에 엄청나게 임팩트 있는 메시지를 줬다"는 거예요.

이광형　아! 그렇죠.

장순흥　실제로 주변에서 이런 이야기들을 하기도 하고, 또한 대하에서 교수들이 보직을 10년 동안 시속석으로 맡는 사례가 별로 없어요.

이광형　네, 보통은 보직을 그렇게 오랜기간 맡지 않죠.

장순흥　일반적으로 보면 보직은 2년 하고 바뀌는 경우가 대부분이죠. 카이스트에서는 교수가 10년 이상 오랜 기간 동안 보직을 맡은 경우가 이광형, 이용훈, 김수현 교수 정도입니다. 이광형 교수(국제협력처장, 교무처장, 학제학부 및 이노베이션학장, 미래전략대학원장 등)는 교육 프로그램의 질 향상과 우수교원 확보에 힘썼고, 이용훈 교수(교학부총장, 단과대학장, ICC 부총장, 신기술창업지원단장 등)는 ICU 통합과 함께 IT 교육 및 연구의 질적 향상, 그리고 재원 확충에 큰 역할을 했습니다. 그리고 김수현 교수(발전재단 상임이사, 대외부총장 등)는 대형 발전기금 조성과 기부문화 확산으로 카이스트 발전에 매우 크게 기여했어요.

이광형 개인적으로 생각하기에 보직을 수행할 땐 연구와 교육, 학생지도 등에 대한 어려움이 크지만, 제대로 수행하기만 한다면 조직을 위한 굉장히 큰 공헌도 되고, 도움도 되는 거죠.

장순흥 그러니까 이 시기의 홍창선 총장, 러플린 총장, 서남표 총장 시절이 다 연결되는 거라고 생각해요. 그래서 과거 카이스트 경영진들의 훌륭한 리더십과 그 흐름을 잘 알려줘야 나중에 카이스트 뿐만 아니라 타 대학에도 큰 도움이 되겠다 싶었어요. 그래서 내가 오늘 강조하려고 하는 이야기는 이런 것들입니다. 2001년 제가 카이스트 기획처장을 시작할 때는 상황이 굉장히 어려웠어요. 노사가 파업을 하고, 구조조정을 하는 그런 상황이 었어요.

이광형 파업을 하고 그랬죠.

장순흥 카이스트 내부는 완전히 무정부 상태 비슷한 상황에 놓여서 굉장한 어려움이 있었죠.

이광형 맞아요. 그 시기(2001년 6월)에 홍창선 총장님이 재임을 시작했어요.

장순흥 맞아요. 카이스트 내부의 구조조정을 하는 대신에 주요한 사업과 혁신을 주도하려고 노력했었죠. 그때 우리는 구조조정을 더 이상 안 한 것이 나중에 굉장히 성공적이었던 반면, 다른 연구기관들은 계속 구조조정을 했죠. 우리는 두 번의 어려움(IMF와 파업)을 겪으며 처음에는 어려웠지만, 이후 숨통이 터진 게 정문술 미래산업 회장님(2001년 7월 300억 기부자)의 기부 이야기가 시작되고 그 분의 기부금을 근간으로 바이오시스템학과가 설립되고부터 였어요. 그 학과가 바로 융합학문의 최초가 된 거죠. 그 뒤로는 의과학대학원 이야기도 좀 하려고 그래요. 의과학대학원 설립할 때 노무현 대통령이 조금 도와주는 등의 스토리가 있었거든요. 그래서 의과학대학원 얘기를 진행하고 계속해서 나노팹 이야기도 나눠 봅시다.

이광형 나노팹도 그때 참 경쟁이 대단했죠.

장순흥 치열한 경쟁을 이겨내고 결국 카이스트가 나노팹 선정기관이 되었어요.

이광형 전, 처음에 그게 뭔지도 잘 모르고 왜 저렇게 학교에서 몇 십 억 원을 투자해야 되나 이해가 안 됐어요. 그런데 알고보니 다 뜻이 있었더라고요. 지금은 결과적으로 카이스트가 국내 나노 분야의 선두 주자가 되었어요.

장순흥 그 다음으로는 국제화 과제(Globalization Project) 이야기를 해 봅시다.

이광형 100억 과제였나요?

장순흥 매년 200억 씩 5년 과제였어요.

이광형 그렇군요. 200억 씩 5년이었나요.

장순흥 그 과제가 우리학교에 상당히 좋은 영향을 끼치는 사업이 되었어요.

이광형 카이스트가 크게 도약한 거죠.

장순흥 서남표 총장님한테는 큰 행운이 따른 거죠. 러플린 총장이 조성해 놓은 이 과제의 1,000억 원은 완전히 융통성있는 예산이었거든요.

이광형 네, 맞아요.

장순흥 그래서 국제화 과제가 카이스트 발전에 상당히 기여했던 이야기. 그게 러플린 총장님 때의 이야기이고, 서남표 총장님 때의 이야기는 우리 이광형 교수님과 제가 함께 추진한 테뉴어 제도(정년 보장)인데, 그 때가 2007년 3월이었어요. 그 일이 언론을 완전히 흔들었어요.

옛날에는 대학이 학과 단위로 TO를 주고 교수를 뽑았지만, 카이스트는 그렇게 하지 않았습니다. 그때부터 카이스트가 어떻게 교수를 뽑았냐 하면, 학과가 직접 원하는 교수를 뽑아서 인사위원회에 올리면 마지막으로 우리 교무처장, 교학부총장 등 참여 인사위원회가 심의해서 최종 결정해 버리면 끝인 거예요. 그때 당시 완전히 TO에 상관 없이 교수를 뽑을 수 있었던 교원 임용제도 때문인거죠. 그건 내가 보기에는 카이스트 개혁에 매우 중요한 역할을 했던 거예요.

이광형 아마도 전 세계에 그런 대학은 없을 거예요. 아마 지금까지도 없을 거 같아요.

장순흥 아! 그럴 것 같아요.

이광형 MIT도 아마 학과별로 TO 배정할 거예요.

장순흥 글쎄, 그때(2001~2010) 우리가 인터뷰도 많이 했어요. 그래서 학생입학사정관 제도가 엄청나게 큰 이슈가 되고 국가적으로 대학입학 시스템에 많은 영향을 끼쳤던 겁니다.

이광형 네. 국가적으로 대단히 많은 영향을 주었죠.

장순흥 네. 학생입학사정관 제도가 다른 대학에도 엄청나게 임팩트가 컸던 거 같습니다. 그때부터 카이스트가 전국적으로 언
론 등에서 크게 이슈화되고 기부금도 본격적으로 들어오기 시작했어요. 그래서 류근철 박사님이 578억 원, 그 다음에 김병호, 조천식 선생님 등의 기부자로 이어졌었죠.

이광형 강원랜드에서 잭팟이 터진 분께서는 약 7억 6천만 원을 카이스트에 기부하기도 했었죠. 그 분은 돈(잭팟)이 터지니까 "이건 내가 쓸 수 없는 돈이다." 이렇게 생각을 하고서 이 돈을 어디다 써야 하나 고민하다가 딱 카이스트가 떠올랐다는 거예요. 그 순간에 말이죠. 그 당시 카이스트가 이런 사회적인 이슈에 대해서 워낙 앞서가니까 사람들이 자연스럽게 카이스트에 돈을 기부해야겠다는 생각을 하게된 거죠.

장순흥 그때는 그런 분위기가 아주 좋았습니다. 그래서 그때의 좋은 이야기가 굉장히 많아요. 제가 보기에는 그 시기에 얼

어낸 게 엄청나게 많습니다.

그 다음에 우리가 얘기할 이야기 중에서 연구 쪽으로는 모바일 하버, 온라인 전기차 2개의 대형 프로젝트가 있는데 신문에도 엄청나게 나왔지요. 더불어 CNN에서 특집으로 카이스트(온라인 전기차와 휴보 등)에 대해 보도하기도 했어요.

그때부터 우리 학교가 국민들하고 호흡을 같이 하게 되었어요. 그래서 연구도 그렇지만 그때 저널리즘 대학원 등에 관해서도 사람들의 관심이 대단했어요. 과히 폭발적이었죠.

이광형　그렇죠. 그리고 지식재산대학원 설립도 매우 큰 성과였어요.

장순흥　이건 우리 이광형 교수님(교무처장 재임시)이 주도한 굉장히 중요한 성과였어요. 그 다음에 또 우리가 빠뜨릴 수 없는 것이 카이스트와 ICU(한국정보통신대학원 대학교)의 통합이지요. 그러면서 우리 카이스트가 자산이 1조 원이 넘는 예산 7,000억 원, 자산 1조 원 시대로 가게 된 거죠.

이광형　그리고 추가적으로 한국과학영재학교와 통합한 이야기도 있어요.

장순흥　네. 과학영재학교 얘기도 있죠. 그래서 결론적으로 우리가 개혁을 통해 대학을 혁신하면 국민들의 성원을 많이 받고, 개혁하지 않고 조용하면 아무것도 얻을 수 없다는 거죠.

이광형　맞아요. 조용히 있게 되면 기관에 대해 잊혀지고 말아요.

장순흥 그러니까 우리가 일을 열심히 하면 국민들로부터 엄청나게 관심을 받게 되는 거죠. 예를 들어서 2005년도에 직원들 사학연금을 마련해 줄 때가 바로 그런 때였는데, 그때 우리가 일을 열심히 하니까 주변에서 "뭐 도와줄 게 없냐?" 물었을 때 우리가 국회라든지 정부의 여러 기관들을 방문하면서 도움을 받을 수 있었던 겁니다. 즉, 우리가 열심히 일한다면 무언가를 해낼 수 있는 것이고, 그렇기에 계속 혁신적으로 기관을 운영해야 된다는 겁니다.

지금 와서 보면 건물들이 다 그때 기증한 사람들의 기부금으로 건립된 거예요. KI빌딩, 스포츠 컴플렉스, 김병호·김삼열 IT융합 빌딩, 파팔라도 메디컬센터(카이스트 클리닉 파팔라도 센터) 모두 그런 건물들이죠.

이광형 KI빌딩 등 많군요.

장순흥 그래서 우리가 부지런히 일하면 그것이 모두 좋은 결과로 돌아오고 발전하게 된다고 생각해요. 제가 말하고 싶은 이야기의 흐름은 이런 거예요. 그래서 이런 이야기를 계속해서 나눠봤으면 좋겠어요.

이광형 저는 거기에 이야기를 보충 하도록 할게요.

장순흥 그러면 시작하죠.

01 카이스트의 현실, 2001년

장순흥   이광형 교학부총장님(현 보직) 반갑습니다.

이광형   네, 반갑습니다. 이렇게 오랜만에 만나 뵙게 되어 기쁩니다.

장순흥   네. 이광형 카이스트 전 처장님(현 교학부총장)은 저와 2001년부터 2010년까지 보직을 함께하고 서로 협력한, 정말 카이스트의 큰 발전을 위한 동역자가 아니었나 생각합니다. 그래서 제가 오늘 특별히 회고 좌담 성격인 대담 자리에 손님으로 모셨습니다. .

이광형   영광입니다.

장순흥   2001년부터 2010년 사이에는 굉장히 큰 일들이 많았습니다. 먼저 2001년에는 카이스트의 내·외부 환경이 굉장히 어려웠습니다. 저는 원래 학교 보직에는 별로 관심이 없었는데, 2000년 말부터 2001년 초기까지 카이스트의 상황이 너무 어렵다는 것을 제가 피부로 느꼈어요. 그때의 카이스트 내부 환경은 무정부상태가 아니었나 생각이 듭니다. 2000년 겨울(11월 22일

~24일)에는 난방과 온수 등이 다 꺼지고, 시설팀 구조조정 문제로 학교의 행정 및 교무 학사 등 주요 업무가 완전히 마비상태였습니다.

아마 1997~98년의 IMF 여파였겠죠. 그래서 카이스트가 재정적으로도 어렵고 내부적으로도 어려운 상태였을때, 저도 카이스트를 적극적으로 도와야겠다고 생각했습니다. 그래서 홍창선 총장님[주1)]이 부임하실 때 제가 기획처장을 맡게 되고 이광형 처장님도 보직을 맡게 되었어요.

이광형 저는 그때 국제협력처장이었어요.

장순흥 국제협력처장을 맡으면서 우리가 서로 일을 함께 하게 됐잖아요. 그때 기억나시는 대로 얘기해 보시면 좋겠군요.

이광형 그때 처음에 정말 어려웠어요. 지금은 다 지났으니까 별거 아닌 거 같아도 그 당시를 생각해보세요. 그러니까 2000년 겨울에 노조가[주2)] 파업을 해서 난방이 안 되고, 겨울내 두세 달 동안 엄청 추웠어요. 교수와 학생들이 체감하기에는 아마도 영하 15도에서 18도까지 내려갔을 겁니다. 그 시기에 난방이 안 되어서 배관이 동파되고 각 연구실에서는 전기난로를 구입해 켜고, 그런 엄청난 일이 있었습니다. 그러다가 홍창선 총장님이 새로 부임하시면서 새로운 팀이 구성되었는데 장순흥 기획처장님(2001.06~2003.03)하고 저하고 거기에 합류하게 된 거죠. 그러니까 매우 어려운 상황에서 출발한 거죠.

저자 및 카이스트 발전 주요 기여자

장순흥 교수 보직 현황(2014.2~현재, 한동대학교 총장)

1982.7.1.	핵공학과(1992.1.1.~ 원자력공학과)
2001.6.9.~2013.3.31	기획처장
2003.4.1.~2004.8.2	교무처장
2005.2.1.~2006.8.19.	기획처장
2005.02.24.~2008.02.23	(재)한국과학기술원발전기금 상임이사
2005.11.10.~2006.8.19	대외부총장
2006.8.19.~2010.7.31	교학부총장(과학기술대학장)
2010.8.1.~2010.10.20	KUSTAR-카이스트 교육연구원장
2011.9.1.~2014.1.31.	KUSTAR-카이스트 교육연구원장
2012.9.1.~2014.1.31	신형원자로연구센터 소장

이광형 교수(2019.3~현재, 카이스트 교학부총장)

1985.5.15. 임용	전자전산학부
2001.6.12.~2004.8.2.	국제협력처장
2004.3.1.~2006.8.31.	바이오시스템학과장
2004.9.1.~2006.8.19	학제학부 학부장
2006.8.19.~2010.7.31.	교무처장
2006.9.4.~2011.4.3.	과학영재교육연구원 연구원장처장
2008.6.1.~2009.6.24	학제학부 학부장
2009.10.19.~2013.8.31.	Innovation 학부 학부장(직무대행)
2010.1.10.~2012.1.9.	과학저널리즘대학원프로그램 책임교수
2011.7.1.~2012.9.16	과학영재교육연구원 연구원장처장
2012.1.10.~2014.1.9.	과학저널리즘대학원프로그램 책임교수
2012.11.21~2014.11.20	미래전략대학원프로그램 책임교수
2013.9.1.~2015.2.28	미래전략대학원 학과장
2019.3.1.~현재	교학부총장/과학기술대학 학장

이용훈_ICU 통합 기여자

1989.01.26.	전기 및 전지공학 조교수 임용
2001.06.12.~2004.02.29.	신기술창업지원단 단장
2004.03.01.~2006.03.01.	전자전산학과 학과장
2005.11.11.~2008.05.31.	기계기술연구소 소장
2005.11.11.~2011.06.30.	정보전자연구소 소장
2006.09.07.~2008.05.31.	공과대학 단과대학장
2008.06.01.~2011.06.30.	정보과학기술대학 단과대학장
2011.03.10.~2011.06.30.	ICC 부총장
2011.07.28.~2013.03.17	교학부총장

김수현_발전 기금 기여자

1984.07.04.	카이스트 전임강사(기계재료공학부)
2003.04.01.~2004.08.02.	학생처 처장
2007.02.01.~20010.01.31	(재)한국과학기술원 발전기금 상임이사
2007.04.05.~2019.07.09.	첨단국방융합연구센터 소장
2008.07.11.~2017.02.24.	카이스트 발전재단 상임이사
2017.03.06.~2019.02.28.	대외부총장

02 카이스트의 환경

　2000년 카이스트 시설관련 민영화에 따른 반대로 노동조합은 2000년 10월 27일 1차 전면 파업을 단행하고, 11월 22일~24일 카이스트 전체 난방중단, 11월 25일 난방공급을 해주면서, 같은해 12월 13일부터 2001년 1월 31일까지 50일 총파업을 하는 상황으로 치닫게 되어 행정동 봉쇄투쟁, 원장실 점거, 교수 학생들의 파업 반대 시위 등으로 2001년 2월 초까지 노사분규 장기화로 매우 어려움을 겪고 있었다. 2001년 1월 31일 노동조합 집행부 총 사퇴 후 결과적으로 시설분야 민영화(외주화)로 시설직 직원 41명 희망퇴직(퇴직자 일부 용역회사 재고용), 노동조합 위원장, 부위원장이 직장에서 해고되었다.

평평한 신경전/ 최덕인 원장(우)과 장순식 과기노조 위원장(좌)이 협상 중이다. 이날 회의는 17시간동안 지속되는 가운데 양측의 입장 차로 결렬되고 말았다

▲ 노사 협상 중_카이스트 타임지(2000.12.04)

03 카이스트 새로운 도약의 기회
-300억 기부 및 바이오시스템 학과 신설

정문술 전 미래산업 회장의 300억(2001년 7월) 기부로 2002년 4월 바이오시스템 학과 신설 설치하고 정부출연금 약 31억을 확보하는 등, 융합학과인 현 바이오 및 뇌공학과로 크게 발전하게 되었다.

카이스트의 어려운 분위기를 전환시키며, 미래를 준비하고 발전하는데 큰 의미가 있는 기부금을 확보하게 되었다.

▲ 2001년 300억 기부로 건립된 정문술 빌딩(바이오시스템 학과 현 바이오 및 뇌공학과)

장순흥 네. 카이스트 내부 환경이 굉장히 어려운 상황에서 출발을 했는데 그때 제가 우선적으로 해야 할 일은 두가지였습니다. 하나는 정부 부처를 돌아다니면서 "더 이상 카이스트는 구조조정을 할 수도 없고 할 필요도 없다."고 설득을 했는데, 더 이상 구조 조정을 하지 않는다는 것이었고, 또 하나는 재정을 확충하는 일이었어요. 어떻게 하면 재정을 확충할 수 있을까라는 것이 큰 숙제였는데, 당시에 참 기뻤던 것이 전 미래산업 정문술 회장님^{주3)}께서 2001년 7월에 300억을 기부하셨던 일이었어요. 2014년에는 215억 원을 추가로 기부하셨지요.

그때 이 돈을 가지고 무엇을 할 것인가 고민하다가, 그때 물론 건물 짓는 것도 중요했지만 이광형 교수님을 중심으로 바이오시스템 학과를 신설하기로 결정했었습니다. 그래서 저는 그때 정부에 다니면서 매년 운영비로 31억 원씩 예산을 받아오는 걸 제시했거든요.

지금 생각해보면 바이오시스템 학과가 요즘 우리나라에서 창의융합을 강조하는 융합 학과의 효시였다고 생각해요.

그런면에서 아주 의의가 크다고 할 수 있는데 정문술 회장님과 바이오시스템 학과에 대해서 이광형 교수님이 말씀을 더 해주시죠.

이광형　그러니까 학교가 거의 무정부상태라고 표현할 정도의 상황이었어요. 그 정도의 상황에서 정문술 회장님께서 300억 원을 기증한 일로 인해 분위기가 많이 바뀌었던 것 같아요. 새로운 학과를 만든 일도 있지만, 우리 카이스트 구성원들한테 "외부에서 우리한테 큰 기대를 하고 있구나. 우리가 할 수 있구나." 이런 분위기를 만들어주는 큰 역할을 했습니다. 물론 처음에는 이런 이상한 학과를 만드는 것에 대해서 반대가 많았죠. 그런데 다행히 설득이 잘 되어서 지금은 학과가 설립된 지 18년 됐죠? 바이오시스템 학과(현 바이오 및 뇌공학과)가 설립된지 18년이 되었는데 지금은 다들 자연스럽게 인식하고 모든 사람들이 융합을 이야기하는 시대가 됐어요. 요즘은 융합이라는 단어가 안 들어가면 과제 제안서를 제출해도 돈이 안 나오는 그런 시대가 되어 버렸죠.

장순흥　그때 제가 기획처장으로서 어려웠던 점은 정부와 대화를 할 때 여론이 두 가지였다는 점이었어요. 지금 생각하기에 그때 결정을 잘 한 거 같은데, "BT, IT의 융합연구를 해야 된다", "아니다. 학과를 만들어야 된다"는 양쪽 의견이 팽팽할 때, 제가 이광형 교수님하고 같이 의견을 모아서 학과를 만드는 쪽을 택하지 않았습니까? 아마 그때 그냥 연구단을 만들었다면 좋은 결정이 아니었을 것 같아요.

이광형　그건 기부금을 전부 다 쓰고 끝나죠.

장순흥　맞아요. 돈만 쓰고 끝났을 거예요, 그렇게 되었겠죠?

이광형   돈만 쓰고 끝났죠.

장순흥   오늘 그 당시 상황을 다시 생각해 봐도 굉장히 어려운 결정이었어요.

이광형   그럼요. 처음 하는 일이었고, 학과 만드는 것에 대해 반대가 많았거든요. 모든 학과가 반대했어요.

장순흥   네. 모두 반대였는데, 그때 다행이었던 것은 정부로부터 예산 31억 원을 확보해 오면서 "이것은 추가 예산이니까 다른 학과는 이 일에 절대로 영향을 받지 않는다"고 설명했어요.

이광형   다른 학과에는 전혀 피해가 안 간다고 설득했죠.

장순흥   네. 그 이후에 바이오시스템 학과가 아주 멋있게 출범해서 석·박사도 많이 배출하고 18년 동안 잘 해오고 있지요. 정문술 회장님의 기부와 바이오시스템 학과의 설립이 학교의 분위기를 바꾸는데 큰 역할을 했다고 생각합니다.

04 카이스트 나노 종합 팹 센터 선정 및 설치

나노종합팹센터 선정(2002. 7) 되고, 2002년 10월에
시설 구축 협약을 맺었습니다.

2004. 05. 04. 카이스트 부설 나노 종합 팹 센터 승격 설치(현 나노
종합기술원), 나노 종합 팹 센터 기공식(2010년까지 약2,900억 원 투
입 완공) 정부 1,180억 원, 민간 1,720억 원, 5,150평 규모로 구축
되었다.

※ 나노기술의 전초기지, 나노기술 선진 강국 진입에 핵심 인프
라 구축사업으로, 나노 소자, 소재, 공정, 물리원천, 바이오
분야 등 핵심 연구장비, 클린룸을 갖추고, 나노종합연구지원
및 국제 나노기술 개발 핵심 역할 담당하게 되므로 큰 의미
가 있다.

▲ 나노 종합 팹 센터

장순흥   또 2001년에 있었던 큰 일이 나노팹이었어요. 그때 우리 학교가 바이오하고 나노를 좀 하고 싶었어요. 2001년 즈음 들어오니까 '나노 분야'의 중요성이 전 세계적으로 이야기 되는데 학교에는 '나노'에 관한 실험실이 하나도 없었어요.

그래서 정부에서 어떻게 했냐면 2002년에 나노에 관한 종합적인 연구센터인 '나노팹 센터'를 만들겠다. 즉, 나노 기술의 전초기지를 만든다고 하니까 전 대학과 전 도시가 나노팹 센터의 유치를 위해 컨소시엄을 구성했습니다. 그러다가 카이스트가 대전광역시와 컨소시엄을 구성해서[주4] 나노 종합팹 센터의 유치 대학으로 2002년 7월에 선정이 됩니다. 저도 그때 열심히 뛰었습니다. 이 프로젝트가 정부에서 1,180억 원, 민간에서 1,720억 원, 그러니까 전체 2,900억 원짜리의 거대한 프로젝트였어요. 그런데 카이스트가 선정된 것도 반대가 참 많았어요. 과학기술부에서도 우리 카이스트가 되는 것을 그렇게 좋아하지 않는 그런 어려운 상황에서도 좋은 결과가 나왔어요.

이광형   그때 국가적으로 경쟁도 치열했죠.

장순흥   네. 서울대학교와 경기도가 한 팀이었고….

이광형   맞아요. 대학 및 지방자치단체 컨소시엄 팀들로 경쟁이 굉장히 치열했어요.

장순흥   네. 그래도 이 나노 종합 팹의 유치가 정문술 회장님의 기부와 맞물리면서, 카이스트가 당시의 굉장히 힘들고 우울했던 상황에서 벗어나 희망과 비전을 갖고 미래를 향해 나아갈 수 있는 계기가 되었어요.

이광형   그렇죠. 분위기를 반전시켜서 "야, 이게 되는구나." 이렇게 분위기가 바뀌게 되었어요.

장순흥   저도 분위기를 반전시키는 아주 중대한 계기가 되었다고 생각합니다. 그리고 이런 과정에서 신성철 교수님(현 카이스트 총장)께서 나노 종합 팹 센터 설립에 많은 기여를 해 주셨어요.

이광형   그래서 지금 우리나라에서 나노 관련 연구는 카이스트가 상당히 앞서 가는 걸로 알고 있어요. 나노 장비가 이렇게 많으니까 나노 관련 교수님들이 많이 카이스트로 오면서 연구가 활발하게 진행됐죠.

▲ 신성철 KAIST 총장
(나노 종합 팹 센터 설립 기여)

▲ 이희철 나노팹 초대 원장
(나노 종합 팹 센타 설립 기여)

2004.6 카이스트 의과학대학원을 설치하고, 2006. 3 의과학대학
원생 입학 및 2006. 12 병역법 개정(안) 국회 본회의 통과로 전
문의 의무사관 후보생이 진학시 병력특례 적용, 노무현 대통령
당선 이후 카이스트 의과학대학원 설치에 적극적인 관심을 가
지고 지원했다. 대통령 후보 시절 카이스트를 방문한 노무현 대
통령 후보는 '21세기 과학 한국의 미래'의 주제로 강연하며, 국
가 경쟁력의 3가지 조건으로 '기술혁신' '합리적인 시장시스템'
'합리적이고 통합된 사회'를 제시하고, "국정운영에 있어서 과학
기술을 가장 우대하는 정책을 시행하여 '과학입국'의 시대를 열
겠다"고 밝히는 강연을 했다.

또한 강연후, 홍창선 총장 및 장순흥 기획처장 등과 학교 현
안을 나누며, 향후 적극적인 지원을 하겠다는 의지를 밝혔다.
2002. 10. 25. 당시 노무현 대통령 후보는 후보자들 중 3위 여론
조사로 상승 전환을 위한 중요한 시기였었다.

장순흥 맞아요. 기계과, 화공과, 신소재공학과 등이 모두 나노 분야 쪽으로 가게 되는 전환기가 되었어요. 그 다음에 제가 한 가지 말씀드리고 싶은 것은 2002년 10월 쯤^{주5)} 노무현 대통령 후보의 카이스트 방문입니다. 그래서 저하고 홍창선 총장님이 노무현 대통령후보 일행과 정세균 의원(추후 국회의장 역임)을 맞이했어요. 당시에 노무현 대통령후보의 인기가 확 떨어졌을 때일 거예요. 다른 대통령 후보들과의 지지도 조사에서 순위가 3위 정도였는데 노무현 후보께서 "요즘은 무조건 바짝 엎드려 있어야 할 때이니 무슨 얘기든 상관말고 3시간 정도만 해달라"는 거예요, 자기는 듣겠다면서… 그래서 이런저런 허심탄회한 이야기를 많이 했어요. 그때 카이스트는 의과대학을 정말 원한다고 이야기했더니 자기가 "당선되면 도와주겠다"고 했습니다. 그런데 그 이야기를 하고 나서 몇 달 안 되어서 노무현 후보가 대통령에 당선된 거예요.

그래서 그 이후에 관련 비서관들하고 카이스트 의과대학 설치를 의논한 적이 있어요. 결론이 어떻게 나왔냐면, 카이스트가 의과대학 하나를 만드는 것보다 의사들을 훌륭한 의학연구자, 과학자로 육성하는게 더 중요하다는 것이었습니다. 그래서 처음으로 의과학대학원을 만들고, 의과학대학원 학생들에게 병역특례를 주기로 결정이 됐습니다. 그때 카이스트 생명과학과 유욱준 교수님이 실무를 맡으며 고생을 많이 하셔서, 제가 알기로

2004년 6월에 의과학대학원이 설치가 됩니다. 의과학대학원의 설치로 우리 학교가 융합의 이미지를 말할 수 있는 학교가 된 거예요. 바이오시스템 학과와 더불어 의과학대학원이 들어오면서 카이스트에서의 바이오 분야를 다방면으로 확장시켰고 이들 학과는 현재까지도 잘 되고 있죠.

이광형　현재 매우 잘 되고 있죠. 지금 우리 의과학대학원을 제가 원자력병원에 가서야 알았어요. 원자력병원 원장. 그분이 의과학대학원을 그렇게 높이 평가한다면서 거기 졸업생을 좀 데리고 왔으면 좋겠다고 그러는 거에요. 이제는 의과학대학원도 완전히 자리를 잡있습니다.

장순흥　의과학대학원이 중요한 것이 뭐냐면 우리나라에서 가장 우수한 사람들은 대부분 의사가 되는데, 그런 의사들을 과학자로 키울 수 있다는 겁니다. 그냥 의사가 치료만 하는 게 아니라 의학 분야에서 새로운 것을 발견하고 발명하는 그런 과학자로 키울 수 있다는 점에서 매우 큰 의의가 크다고 생각합니다.

▲ 유욱준 교수
(의과학대학원 설립 기여)

06 글로벌라제이션 프로젝트: 2005 기획, 2006~2010 사업

– 러플린 총장 글로벌라이제이션 사업(정부예산 5년간 매년 200억 합계 1,000억 원 투입_"굿머니: flexible money") "2페이지 분량의 기획 제안서"

카이스트 글로벌화…러플린 퇴임해도 계속 진행
교수 및 학생 국제 경쟁력 높여 2010년까지
'세계 20위권 대학' 도약

주요 내용 :
국제경쟁력을 갖춘 우수교수 확보와 창의적 글로벌 리더 양성을 위한 수요자 중심의 교육, 국제적 수준의 인프라 구축
우수 신임교수 유치(2010년까지 교수 550명), 세계 석학급 외국인 교수 유치(외국인 교수 7%→15%, 80명), 성과차등 급여체계, 누적형 인센티브, 톱 저널 게재 2배 증가 등을 통해 연구역량을 개선, 교수 평가 시스템 강화하여 테뉴어 제도 내실화, 개발도상국 우수 학생 유치 500명, 학생 리더십 센터 설치, 영어강

의 비율 10%씩 늘려 2010년 대학원 강의 100% 영어강의(학사과정 70%) 계획, 유비쿼터스 인프라 구축, 통합정보시스템 구축으로 캠퍼스 전역에 네트워크 접속 환경 조성되며, 양방향 위성 디지털 교육 환경 구축의 비율 10%씩 늘려 2010년 대학원 강의 100% 영어 강의(학사과정 70%) 계획, 유비쿼터스 인프라 구축, 통합정보시스템 구축으로 캠퍼스 전역에 네트워크 접속 환경 조성되며, 양방향 위성디지털 교육 환경 구축하였다.

카이스트 글로벌라이제이션 프로젝트는 세계 10위권 대학 진입을 실현하는 바로미터가 될 것으로 기대한다.

"싱가포르 대학이 세계 10위권 대학으로 발전한 것은 철저하게 글로벌화 추진때문입니다. 카이스트는 연구역량과 교수진과 학생 인적자원에서 우수함에도 글로벌화를 추진이 미흡해 국제적인 대학 발전의 한계를 드러냈습니다."

카이스트가 추진하는 글로벌라이제이션 프로젝트의 중요성은 글로벌화만이 세계적인 카이스트 대학으로 발돋움할 수 있고, 창의적인 글로벌 리더 양성 교육연구기관으로 자리매김할 수 있다는 강한 확신 때문이다.

2006년 ~ 2010년까지 추진하는 글로벌라이제이션 프로젝트는 매우 중요한 의미를 가지고 있으며 러플린 총장이 퇴임해도 반드시 지속된다.

창의적 글로벌 리더 양성을 위한 수요자 중심의 교육에도 투자하여 "과학기술 분야만이 아닌 다양한 분야 지식 습득을 위해 학생들에게 경제, 경영, 예술분야와 리더십 프로그램 마련해 다방면 분야에 진출할 수 있도록 한다. 또한 "최근 각 기업의 CEO를 보면 이공계 출신들이 많아지고 있고 이들의 능력과 역량을 신뢰하고 있는 만큼 카이스트 졸업생들도 과학기술 분야 이외의 금융, 기업, 법률, 문화예술 등 각 분야에 고르게 진출해 카이스트 위상을 더욱 높여 나가기 위해 교과과정을 획기적으로 개선, 운영"한다.

또한 러플린 총장 재임시 문화 CT 대학원 유치에 기여하게 된다.(러플린 피아노연주 등 문화에 관심, 원광연 교수_현 국가과학기술 연구회이사장)

장순흥　그러다가 2004년에 홍창선 총장님이 국회의원이 되고 그다음에 스탠포드 대학의 노벨 물리학상 수상자인 러플린 총장님[주6)]이 2004년에 오셔서 총장으로 부임 하시게 돼죠. 그런데 러플린 총장님은 '잘했다, 못했다.' 논란이 많지만, 그분이 가장 기여한 것에 대해 두 가지만 말씀드리고 싶습니다.

첫 번째는, 그분이 이 글로벌라이제이션 프로젝트라는 걸 기안을 했어요. 2006년에 했는데 이분이 "돈을 Good money[주7)]로 달라. 카이스트는 Good money가 필요하다." 라고 했어요. Good money라는 건 다른 게 아니라 융통성 있는 돈입니다.

Flexible money는 예산이 몇 천억 원이라고 하더라도 융통성 있는 돈이 하나도 없다는 거죠.

따라서 이 분이 "이걸 안해 주면 총장직을 떠나겠다." 이런 협박도 하고 그랬어요. 그래서 제가 과학기술부와 기획재정부하고 협의를 해서 5년간 매년 200억 원을 쓸 수 있는 자유로운 예산을 조성했습니다. 그래서 다른 데 같으면 제안서가 몇 백장 되는데 이건 제안서가 2장 밖에 없었어요. 2장짜리 제안서로 5년간 200억 원씩 쓸 수 있게 되면서, 이 예산이 상당히 우리 학교에 도움이 되었고 웬만한 학교 건물에 다 리모델링을 해주게 되었어요. 학교가 아주 좋아졌습니다. 이 돈이 2006년에 서남표 총장님이 오셨을 때도 굉장히 유용하게 쓰였습니다.

두 번째는 문화기술대학원을 만든 거예요. 그 문화기술대학원은 현재 국가과학기술연구회 이사장인 원광연 교수님이 책임을 맡아서 했는데 그래도 러플린 총장님이 굉장히 많이 도와준 겁니다. 왜냐하면 러플린 총장님이 피아노를 잘 치시기도 하고 앞으로 문화와 기술이 연합해야 된다는 것을 정부에 매우 설득력 있게 전달하셔서 문화공보부에서 적극적으로 카이스트를 도와줬습니다. 그렇게 해서 문화기술대학원이 카이스트에 설치된 거예요.

저는 글로벌라이제이션 프로젝트와 문화기술대학원(CT)의 설치가 러플린 총장님의 가장 큰 업적 두가지라고 생각합니다. 혹시 더 뭐 하실 말씀 있으시면 해주시죠.

이광형 　그 당시에 문화기술대학원도 경쟁을 통해서 진행했어요.

장순흥 　그렇죠. 매우 치열하게 경쟁했어요.

이광형 　경쟁했죠. 많은 대학들이 경쟁했는데, 원광연 교수가 제안서도 잘 쓰고 또 문화기술(Culture Technology)이라는 새로운 단어도 만들어서 CT라는 말이 생긴 거예요. 그래서 카이스트가 선정 되었죠.

장순흥 　그러니까 문화기술대학원이 그런점에서 카이스트에 기여하지 않았을까요? 우리 학교가 너무 딱딱한 이미지만 있었는데 그래도 앞으로는 콘텐츠라든지 문화의 기술, 미래를 바라볼 수 있으니 문화기술대학원의 설치가 굉장히 중요한 의미를 갖는 것 같아요.

이광형   그렇죠.

▲ 원광연 교수(CT대학원 기여)

장순흥 우리는 그 당시에 하드(Hard) 사이언스에만 지나치게 중점을 두고 있었는데 그런 것에 비하면 상당히 많이 발전했어요. 그래서 문화기술대학원도 그렇게 큰 의미가 있는 것 같아요.

이광형 지금 우리 사회에서 콘텐츠라는 말이 많이 쓰이잖아요. 콘텐츠의 중요성도 많이 알게 되고, 그런데 아마 이런걸 통해서 우리 사회에 그런 개념이 도입되지 않았는가 생각이 들어요.

장순흥 그래요. 문화기술이라는 말 자체도 우리 원광연 교수님이 제안했지요. 그것이 굉장히 큰 임팩트가 있었고, 우리 학교에 인문계 학생들도 많이 들어오는 계기가 되지 않았나 생각합니다. 그러다가 2006년에[주8] 서남표 총장님이 오시죠. 그때 제가 교학부총장을 하고 이광형 교수님이 교무처장을 맡았지요. 제가 그 때를 되돌아 보니까 일반 대학에서는 쉽게 할 수 없는 큰 일을 많이 했더라고요. 그 중에 몇 가지 특이한 일이 있었는데 그 중에 하나가 교수를 평가하고 재계약하는 테뉴어 제도[주11]였고, 2007년 3월에 시행이 됩니다.

이광형 그렇죠.

07   입학사정관 제도

입학사정관제는

○ 학교생활기록부, 수능시험, 대학별 고사 등 성적 중심의 획일적 학생
  선발체계 탈피
○ 카이스트의 특성과 인재상에 부합한 창의력, 잠재력을 가진 학생 선발

세계 최고 수준의 교육

연도	선정 유형	국고지원금액 (천원)	입학사정관제 실시전형	모집 인원
2008	선도 대학	380,000	일반전형,수능일반전형, 외국인전형,외국고전형	850명 내외
2009		787,728	학교장추천전형, 일반전형,외국고 전형,외국인전형	1,020명 내외
2010		846,810	학교장추천전형, 일반전형,외국인전형	950명 내외

기대 효과로는

○ 카이스트의 특성과 미래비전, 인재상에 부합한 인재 선발시스템
  구축
○ 선도대학으로 선정되며 서류평가, 심층면접, 방문면접 등에 대한
  우수한 노하우가 전파돼 국내 대학입학제도 선진화에 기여

장순흥　그리고 곧바로 2007년 4월에 입학사정관제도^{주9)}는 우리가 개선안을 도입했고, 2008년 3월에 카이스트에서 시행됐습니다. 2009년부터는 다른 대학으로 전파되어 나갔죠. 정부에서도 카이스트의 입학사정관제도를 전국적으로, 국가적으로 하자고 했죠. 그렇게 카이스트가 입학사정관제도를 통해서 국가 전체에 큰 임팩트를 주었습니다.

그래서 테뉴어 제도^{주10)}와 입학사정관 제도, 이 두 가지가 참 중요했던 거 같아요. 그러면 먼저 테뉴어 제도에 대해서 기억나는대로 이야기를 나눠 볼까요.

08 교원 테뉴어(정년 보장) 제도와 혁신적 교원 임용시스템

○ 세계 정상급 대학들은 최고의 교수진 확보를 위해 테뉴어 심사를 강화하고 있는 상황이다.

※ 미국 하버드대학은 상위 20%의 교수만 정년을 보장하고, 스탠포드대학은 20~30%의 교수에게만 테뉴어를 부여한다.

○ 반면 국내 대학들의 경우 테뉴어를 연공서열에 따른 혜택으로 여기는 관행 때문에 심사 통과율이 100%에 육박하다.

※ 2005년 국정감사 당시 이주호 의원 조사결과, 46개 국·공립대 테뉴어 통과율 96.6%이다.

○ 카이스트가 세계 명문대학들과 경쟁하고 세계 최고 연구중심대학으로 도약하려면 혁신적·창조적 교수진 확보가 중요하며, 이를 위해서는 선진국형 '테뉴어제도' 정착이 시급하다.

○ 종전의 연공서열식 또는 양적인 성과위주의 인사평가시스템을 과감히 탈피하고, 실력과 질적 성과 평가로 전환한다.

- 인사 관련 규정의 승진 최소요건 중 국제논문 및 편수 조항 삭제(논문 및 특허의 개수가 아닌 질적수준으로 평가)
- 외부 평가서는 국외 평가서 비중을 50% 이상으로 조정
- 테뉴어 Peer Review : 국외 4장, 국내 4장, 내부 4장

○ 테뉴어 및 재계약 심사 통과율 변화(신청 인원 대비 추천 인원 비율)

- 테뉴어 통과율: 2006년 94%→2007년~2012년 평균 약80%
- 재계약 통과율: 2006년 100%→2007년~2012년 평균 약93%

기대효과로는
○ 실력 본위의 혁신적 인사시스템 구축을 통해 카이스트의 인적자원 역량제고
○ 세계가 인정하는 최고수준의 교수그룹을 구축하여 최상의 교육·연구 성과 창출
- 글로벌 과학기술계를 선도할 우수 인력 배출
- 탁월한 이론 및 신기술 창출로 세계 과학 기술계 선도

O 주요 실적은

O 2006년 8월 학과장 중심의 인사시스템 도입과 함께 테뉴어
  심사제도 강화 방안 논의
- 학과장 간담회 등을 거쳐 2006년 11월 전체 교수회의에 새로
  운 테뉴어 제도 보고 후 구성원들의 의견 수렴
- 인사규정 등 관련규정과 지침을 개정하여 2007년 1월 1일 이
  후 신규 임용자부터 새로운 제도 적용
- 기존의 교원들에게도 새 제도에 맞춰 테뉴어 및 재임용 심사
  강화

O 주요 내용
- 테뉴어 심사 시기 : '정교수 승진 후 7년이상'에서 직급에 관
  계없이 '신규임용 후 8년 이내'로 변경
- 심사시기를 기존대비 6년 10개월 단축 : 테뉴어 교수심사에
  투입되는 시간을 줄여 연구에 전념 할 수 있는 여건 조성
- 테뉴어 임용에 탈락 할 경우 재계약 기간 동안 임용 후 면직

O 연구의 양적평가를 지향하고 질적평가로 전환, International
  Peer Review 제도 도입

이광형　테뉴어 제도의 시행은 2007년 3월부터인데 준비는 2006년 가을부터 했죠. 정말 우리나라에는 없는 개념을 카이스트에 적용하기 위해 서남표 총장님, 장순흥 교학부총장님, 그리고 교무처장인 저까지 세 명이 정말 소통을 많이 했어요. 교수협의회의 교수들과 학과의 학과장님과 굉장히 소통을 많이 했지요. 여기서 한 가지 다행스러운 점은 이렇게 엄격한 이런 테뉴어 제도를 만들었는데 내부반발이 거의 없었다는 거에요. 기적이에요.

장순흥　저희가 예를 들어서 3분의 1 정도를 재계약 안 한 적도 있었는데, 어려운 상황에서도 굉장히 공정하게 평가했습니다. 그리고 당시에 재계약이 안 된 분들에 대해서도 후속조치를 해드리기 위해서 굉장히 노력을 했죠.

이광형　그렇죠. 뒤로 많이 배려를 했죠. 초빙교수로 계시게 해주고…,

장순흥　다른 대학 가는 데도 좀 도왔고….

이광형　다른 대학에 미처 못 가시면 가실 때까지만이라도 잠시 있게 해드리고 그런 식으로 해서 버퍼기간을 두었어요.

장순흥　네. 그래서 그때 당사자들도 정말 스트레스가 많았겠지만 이광형 교수나 저도 스트레스가 엄청났습니다.

이광형　그럼요. 그리고 지금도 생각해보면 감사한 게, 일반적으로 이런 것을 시행하면 교수님들이 반발이 심한데도 그걸 다 수용해주고, 카이스트는 이렇게 가야 된다고 동의를 해줘서 그때 틀이 만들어졌죠. 그리고 그 틀이 지금도 지속 되어가는 거예요.

장순흥 그리고 아마 제가 또 입학사정관 제도에 대해 조금 더 말씀드리고 싶은 것은 그 당시에 두 가지를 이야기하고 싶어요. 첫째는 입학사정관제도로 설립된 것은 우리가 러플린 총장도 그렇고 서남표 총장님도 와서 그 당시에 과학고를 한 번 갔다 오시더니 과학고 학생들이 보통 12시까지 기숙사로 안 들어가고 기숙사 가자마자 새벽 2시까지는 또 학원에 가야하고. "이건 너무 야만적이다. 입시제도를 바꿔야 된다"고 해서 저희가 그 당시에 "학교, 더이상 성적위주의 수업방식보다는 학교수업을 병행하면서 건강하고 인성 좋고 전인교육을 좀 보자." 그래서 그때 갑작스럽게 기억나는지 모르지만 2007년도에 과학고 교사와 교장선생님 등을 초청해서 "내년(2008년)부터 입시제도를 바꾸겠다."고 말한 뒤 바로 2008년도에 도입을 했어요. 그런다음 교장선생님들하고 계속 컨텍을 했는데 우리가 입시의 개선안을 바꾼다고 하니까 학생들이 좋아한다는 거예요.

그리고 학생들이 전보다 인사도 잘 하고 또 교과서 말고 다른 책도 읽고, 운동도 많이 해볼만 할 것 같다고 해서 바로 2008년 3월에 시작이 되었습니다. 둘째, 그때 우리가 처음으로 일반고 학생들을 200명을 추가적으로 뽑는 바람에 훨씬 더 저변확대가 되지 않았나 생각하는데 그때 기억나시나요?

이광형 네. 입학사정관 제도는 우리가 시도했는데 동시에 당시 교육과학기술부(현, 교육부)하고도 교감을 잘 해왔죠.

장순흥 네. 양쪽이 협력이 잘 되었죠.

이광형 교육부에서도 우리가 이런 생각을 갖고 있다고 말했더니 "좋은 생각이다"라고 했었죠. 그런데 자기들은 여론의 뭇매를 맞을까 싶어 염려되어 나서지는 못하고, 카이스트가 하면 뒤에서 박수 치겠다고 했었죠. 그래서 카이스트가 앞장서서 치고 나가고… 그때 서남표 총장님이 정부청사에 가서 기자회견을 하셨죠.

장순흥 네, 맞아요. 기자회견을 했었죠.

이광형 이거(입학사정관 제도) 한다는 기자회견을 카이스트에서 한 게 아니라. 정부청사에 가서 발표했어요. 교육부 직원들은 다 뒤로 빠지고, 카이스트가 주도적으로 기자회견을 했어요.

장순흥 재미있는 건 마지막까지 입시 정원 200명을 늘려주느냐, 안 늘려주느냐 가지고 논쟁이 있었는데, 그래도 우리가 제시한 입학사정관 제도가 워낙 반응이 좋으니까 정부에서 "카이스트가 원하는 대로 200명 늘려주겠다"고 했었죠.

그래서 그게 카이스트가 저변확대 되는 데에 많은 계기가 됐고, 카이스트에 일반 학생들이 많이 들어오는 계기가 됐어요.

또 한 가지 더 말씀드리고 싶은 것은 조금 전 애기한 것처럼 테뉴어 제도와 입학사정관제도를 시행하면서 언론이 카이스트에 굉장히 많은 관심을 갖기 시작했다는 거죠.

이광형 맞아요. 그때 비로소 대중적인 학교처럼 된 거 같아요.

장순흥　카이스트가 테뉴어 제도와 같은 개혁을 하면서 많은 분들이 우리 학교에 대해 좋은 인상을 가져주셨죠. 사실 류근철 박사님도 그 때 테뉴어 제도를 시행하는 걸 보시고 실은 좋은 인상을 가지신 거죠.

그러면서 류근철 박사님[주11)]이 2008년도에 578억 원을 기증하셔서 스포츠 콤플렉스를 건립하게 되었고, 그 얼마 뒤 김병호 회장님이 약 300억 원 정도를 기부를 해주셔서 건립한 것이 지금의 김병호 건물(IT)[주12)] 빌딩이죠?

또 해외에서는 박병준, 홍정희 회장님 부부[주13)]께서 KI빌딩이라는 아주 큰 빌딩을 건립할 수 있도록 기부를 해주셨고('초대 카이스트 연구원장 김상수 교수 KI빌딩 건립에 기여'), 이어서 파팔라도라 회장님^{주14)}이 메디컬 클리닉센터를 건립할 수 있게 기부를 해주셨죠. 그렇게 계속해서 기부가 들어오는 걸 보면서 상당히 많은 국민들이 카이스트의 개혁에 대해 관심이 있고, 국제적으로도 카이스트의 개혁에 굉장히 관심을 가진다고 느꼈어요.

이후 정부에서 "카이스트가 프로젝트를 받아오죠."라고 말해 온라인 전기차(OLEV),^{주15)} 그 다음에 모바일 하버. 이것들이 서남표 총장님의 재임 시기에 있던 아주 큰 프로젝트두 개인데, 해외에서도 여기에 관심이 많아^{주16)} CNN에서도 와서 취재를 했죠. 그래서 그때는 카이스트가 해외 신문에도 많이 났고, 국내 신문에도 많이 보도가 되었지요. 그 때 동시에 학교에 기부도 많이 들어오면서 전성기를 이뤘다고 생각하는데요. 어떻게 생각하십니까?

▲ 김상수 교수(KI빌딩 건립 기여)

이광형 그렇죠. 그 에피소드 중 하나가 어떤 분이^{주17)}강원랜드
에서 도박을 하다가 잭팟에 걸려서 그 당시로 약 7억 원을 따셨
을 거예요. 그런데 그렇게 돈을 따니까 이런 생각이 머릿속에 딱
떠오르셨대요. '이건 내가 쓸 수 있는 돈이 아니다. 그런데 어디로
가야 할까? 카이스트가 좋겠다' 라고 말이죠. 그러니까 그만큼 그
당시에 우리 사회에서 카이스트에 대한 인식이 좋았고, 카이스트
에 기부를 하는 것이 국가를 위한 일이라는 인식들이 많았던 거
죠. 그 정도로 당시 카이스트에 기부금이 많이 모였죠.

장순흥 또 한 가지는 그때 이광형 처장님하고 우리가 교수 채
용하는 제도를 완전히 변화시켰는데, 각 학과나 학부에서 교수
임용 숫자를 제한 없이 마음껏 제안하는 거예요. "뽑고 싶은 사
람 다 올려라" 그랬었죠. 그리고 나서 교무처장, 교학부총장 그
리고 총장이 마지막에 승인만 하면 그냥 뽑는 거예요. 그러니까
정해진 TO도 없는 거죠. 그래서 그때 인재들이 정말 많이 온 거
같아요. ^{주18)} 교원임용시스템 개선이죠.

이광형 그렇죠.

장순흥 오늘날 훌륭한 교수들이 그 때 임용했던 젊은 교수들
이죠.

이광형 지금 중추 역할을 하는 분들이 다 그 분들이에요.

장순흥 당시 채용한 건데 그때 정말 인터뷰도 많이 했고 위에
서 제안한 건 없고, 밑에서 올라오는 사람들 중에 뽑은 건데 그

것도 내가 보기에는… 그래서 저는 오늘날도 그렇습니다.

제가 가끔 다른 대학교 총장들하고 얘기를 하는데, 그때 카이스트의 테뉴어 제도 때문에 많은 대학교들이 쇼크를 받아서 교수 평가에 신경쓰기 시작했다고 해요. 또 우리 입학사정관 제도도 많은 대학이 받아들었고요. 또, 그 당시 카이스트의 교수 충원은 정말 부러웠다고 하더라고요. 카이스트 같은 그런 개혁은 다른 대학에서는 생각도 못하고, 지금도 카이스트 같은 제도 개혁이 있어야 대학이 잘 될 수 있다고들 하던데, 하나 재미있었던 게 떠올랐어요. 그 당시 테뉴어 제도를 시행하니 많은 분들이 그랬어요. "이제 카이스트에 사람들이 아무도 안 갈 거다. 도대체 누가 가냐?"

이광형 도망갈 거라고 그랬죠.

장순흥 네. 사실 그 때를 돌아보면 예상을 뒤엎고 훨씬 더 많은 사람들이 지원했었어요. 그 당시 이미 유명하거나 유능한 분들도 많았었고요. 그래서 저는 '우리가 느긋하게 하면 좋은 사람이 더 많이 오는 게 아니라, 더 까다롭게 함으로써 좋은 사람이 더 많이 오는구나'라고 느꼈어요.

또 그 때를 생각해보면, 그 당시 사회적인 분위기가 완전히 카이스트를 도와주는 분위기였어요. 그래서 그때 제가 직원 사학연금을 추진할 수 있었던 겁니다. 그래서 직원들도 사학연금을 할 수 있게 되었죠.

이광형 교수 충원에 대해서 기억나는 게, "학과별로 TO를 없애고 좋은 후보 있으면 다 올려라"고 했더니 '이런 식으로 교수 뽑다가 학교가 부도나는 거 아니냐?'는 걱정이 나왔었죠. '재정적으로 어떻게 감당을 하느냐?'고 말이죠.

그런데 그때 서남표 총장님이 "좋은 사람을 뽑으면, 좋은 교수는 연구비를 많이 벌어와서 재정적으로 걱정 없을 거다. 두고 봐라." 라고 얘기하셨어요.

그 당시에 교수가 약 400명이었고, 그 뒤에 열심히 뽑아서 지금 약 640명까지 숫자가 늘었습니다. 그러니까 50% 늘었어요. 50% 늘었는데 학교에서 들어오는 오버헤드(Overhead) 수입은 당연히 부도가 안 나고, 그때 약 200억 원이었던 오버헤드 수입이 지금 약 700억 원까지 늘었어요. 즉, 2.5배 이상 늘었어요. 그러니까 교수 숫자 비례보다 더 많이 늘어난거죠. 그래서 사람만 좋으면 걱정할 일이 없는 거 같아요.

장순흥 그렇죠. 그래서 그때 우리가 정부에 돌아다니면서 "교수는 돈을 벌어오는 사람이지, 돈을 쓰는 사람이 아니다. 그래서 오히려 생산자다." 라는 얘기를 했던 기억이 나네요.

이광형 전 세계에서 학과별로 TO 없는 학교는 없을 거예요.

장순흥 지금은 어때요? 지금도 계속되고 있어요?

이광형 계속 유지하고 있어요. 그래서 지금 후임자들이 고마운 겁니다. 테뉴어(정년보장) 제도를 그대로 유지하고 있고, 영어강의도 그대로 유지하고 있고, 학과별 교수 TO 없는 것도 유지해 주고 있고, 그 외에도 몇 가지가 있어요. 그걸 원상복구 했더라면 지금 학교가 많이 바뀌었을 텐데 그대로 유지해 주고 있어요.

장순흥 지금은 테뉴어나 이런 게 탈락율이 어떻게 돼요?

이광형 최근 들어 탈락율이 떨어져서 "물 테뉴어다." 이렇게 얘기하는 분들이 있어요.

그래서 제가 다시 교학부총장이 되고 난 후 그런 의견이 있어서 이번에 유심히 봤죠. 그런데, 떨어뜨릴 사람이 없는 거예요. 다 좋아. 다 좋은데 숫자를 맞추기 위해서 일부러 떨어뜨릴 수 없는 것 아닙니까? 테뉴어라는 것이 절대평가인 것이지, 상대평가가 아니잖아요. 그래서 다 붙었어요.

장순흥 그러면 어쩔 수 없는 거지요.

이광형 좋은 거지요. 그러니까 그 얘기는 우리가 좋은 교수를 뽑았고 좋은 교수를 양성했다는 얘기에요.

장순흥 좋은 교수를 뽑았다는 얘기네요.

이광형 네. 맞습니다.

장순흥 옛날에는 우리가 테뉴어 심사할 때 중요한 게 하나 있었습니다. 테뉴어 심사나 교수 뽑을 때 중요한 것 중 '논문 수가 얼마 이상이어야 된다.' 이런 게 있었지 않았습니까?

이광형 그때 공식이 있었어요. 논문 수를 넣으면 점수가 딱 나왔어요. 그런데 그걸 없앴죠.

장순흥 그걸 없애고 심사위원들 중 3분의 2만 찬성하면 통과하는 것으로 바꿨어요. 그런데 기준이 딱 한 가지였죠. 정말이 사람을 승진 시키거나, 테뉴어를 주거나, 채용을 하면 학교에 도움이 되느냐, 안 되느냐? 그래서 그때 "What's good for KAIST?"라는 유명한 말이 나왔었죠.

학교 차원에서 종합적으로 판단하기 시작한거죠. 사실 논문수라는 것은 학과마다 다 달라지기 때문이죠. 그런 관점에서 저는 그때 우리의 인사제도가 굉장히 선진화된 제도고 지금도 그렇게 유지되는 것이 다행이라고 생각합니다. 그 다음에 교육에서 또 기억이 나는 것은 그때 우리 학교가 국민들하고 좀 더 가까워지기 위해서 일부 반대를 무릅 쓰고 저널리즘과 지적재산권 대학원 설립을 했어요.

이광형 저널리즘과 지적재산권 대학원입니다.

장순흥 네. 과학 저널리즘 대학원을 우리가 2010년 2월에 개강합니다. 그 다음 지적재산대학원도 마찬가지로 2010년 2월에 개강하는데 이게 나중에 미래전략대학으로 연결되죠. 그 때 과학저널리즘대학원과 지식재산대학원에는 현직에 있는 분들이 많이 지원했어요. 그래서 현직 기자나 현직 판사 같은 분들을 아주 폭넓게 뽑았고, 직장인 분들이기 때문에 수업도 아주 플렉서블(Flexible)하게 주말에도 하고 저녁에도 하고 했었죠. 그 당시에는 이것이 우리 학교의 질을 떨어뜨린다는 비판도 있었는데, 저는 지금 생각해보니까 굉장히 폭넓은 졸업생들이 많이 나올 수 있었던 기회였다고 생각하는데 어떻게 생각하세요? 특히 이광형 교수님이 수고를 많이 하셨는데 설명을 좀 해주시죠.

이광형　2006년에 한국언론재단에서 "언론인들을 단기교육을 시켜달라."고 해서 5~6개월 정도 교육을 시킨 적이 있어요. 그게 2006년, 2007년, 2008년 이렇게 3년 간을 하면서 보니 우리가 과학기술 내용을 가르쳤는데 신기한 게 기자분들께도 과학기술을 강의하니까 먹히더라고요. 그리고 마지막에는 수강하신 분들이 "이 프로그램 정말 좋다. 재밌다. 과학기술도 재밌게 배울 수가 있군요?"라는 반응을 보이셨죠. 이렇게 되어 그때 이 프로그램으로 석사과정을 만들어야 되겠다고 생각한 게 저널리즘 대학원이죠. 기본 이유가 나라가 발전하려면 과학기술이 발전해야 되는데, 과학기술이 발전하려면 국민이 이해하고 서포트를 해야 돼요. 국민이 이해하려면 기자들이 중계를 해야 되는 거예요. 일단 기자들을 이해 시켜야 되겠다는 생각에 이걸 추진했죠.

그런데 이걸 그냥 학교에다 만들어 달라고 할 수 없으니, 여러 곳에 지원 요구를 하였는데 결국 과학창의재단에서 승인해줘서 거기서 재정지원을 해주겠다고 했죠. 어디서든지 돈이 들어와야 학교는 움직여 주니까요.

그때도 총장님과 부총장님 모두가 찬성을 다 하셔서 시작했어요. 과학저널리즘으로 시작을 해서 매년 30명씩 뽑았는데 이번에 10

년 됐거든요. 결국은 300명 된 거예요. 그래서 지금 현재 우리나라 언론사의 중요한, 되게 잘 나가는 30대, 40대 기자 중에는 카이스트 출신들이 상당히 많이 포진해 있습니다. 졸업자가 300명씩이나 배출되어 있습니다.

장순흥   어떻게 보면 카이스트가 저널리즘도 가장 선도하는 대학 중에 하나가 된 거예요, 그렇죠?

이광형   네. 그렇게 생각합니다.

장순흥   굉장히 놀랍네요. 또 지식재산대학원도 지금 몇 명 정도 배출했죠?

이광형   500명이죠. 여기는 50명씩 뽑았으니까. 지식재산대학원도 2000년대 중반에 각 대학에서 법학전문대학원을 만들려고 하면서 카이스트한테 손을 내민 것이, 카이스트와 연합을 하여 지식재산 특허법에 관련된 걸 강조하겠다고 해서 시작되었어요.

그런데 실제로 법학전문대학원이 설치가 돼서 강의를 하다보니까 지식재산 쪽 강의가 잘 안 되는 거예요. 왜 그런지 이유를 보니, 일단 법학전문대학원에 입학을 하면 그 다음은 변호사 시험 합격이 최우선 목표지요.

그리고 변호사 시험에 합격하기 위해서는 가장 쉽게 점수를 얻는 과목을 들어야 되는 거예요. 그래야 학점이 오르니까요. 그리고 변호사 시험에서도 쉬운 과목을 선택해야 돼요.

그런데 지식재산 관련 과목은 어렵고 점수가 안 나오니까 학생들이 다 기피하는 거예요. 그래서 법학전문대학원이 되더라도 이 분야는 제대로 안 되더라고요. '그래서 이건 카이스트에서 할 수밖에 없구나.'해서 지식재산대학원이 시작됐죠. 이때도 여러 곳에 지원 요구를 했는데, 최종적으로 특허청에서 예산 지원을 해서 2010년에 시작을 했죠.

장순흥   이것뿐 아니라 과학기술정책대학원도 2008년도에 설립되었지요.

이광형   그렇죠. 과학기술정책을 연구교육하는 프로그램이 있어야겠다 하여, 2008년에 출범시켰지요. 그 당시 적임자가 없어서, 과학사를 하는 분을 설득하여 담당하시게 했습니다. 그 후에 저희가 보직을 끝내는 마지막 학사연구심의회의(2010년 7월 말)에서 정식 학과로 승격 시켜놓고 나왔습니다. 그래서 과학기술정책대학원이 반석에 올라서게 되었습니다.

10 한국정보통신대학교(ICU)와 통합(2009년 3월)

○ 한국정보통신대학교(ICU)와의 통합을 통한 인적·물적 재원
  확충

○ 연구비 증가, 기부금 유치, 기관 통합 효과로 2006년 대비
  약2배의 총자산 증가

카이스트 자산 증가 현황

(단위:억원)

연도	2006	2007	2008	2009	2010
금액	5,734	5,888	5,619	10,086	10,606

○ ICU 통합으로 대규모 인적자원 및 재정 확충

− 전임직 교수(65명), 전임직 직원(51명), 학생(1,398명)

− 토지 및 건물 등(1,723억 원), 예금 및 기금(1,367억 원)

○ 우수 신임교원 충원과 ICU 통합 등에 의한 연구역량 제고로
  연구 계약고(2006년 대비 212%) 및 O/H 수입(2006년대비 334%)
  증가

장순흥 과학기술정책대학원에서는 학술적인 것을 하고, 과학
저널리즘대학원에서는 좀 더 실무적이고 실용적인 것을 했는데
이게 굉장히 잘 연결이 된 거 같아요. 그래서 오늘날도 과학기
술정책대학원은 소수 엘리트교육에 치중하고, 과학기술저널리
즘대학원은 좀 더 대중적인 교육에 치중하고 있죠.

그 다음에 제가 서남표 총장님이 재임하면서 같이 했던 중요한
일 중에 하나가 ICU 통합이겠죠. ICU 통합이 사실은 2007년부
터 얘기가 나왔던 건데 실제로는 2009년 3월에 통합이 됩니다.
저는 이 ICU 통합을 통해서 카이스트가 굉장히 큰 성장을 했다
고 봅니다. 지금 카이스트에 교수도 많이 늘어나고, 또 우리 학
교가 IT 분야에서도 타의 추종을 불허하고 세계적인 대학이 됐
죠. ICU 통합[주19)]에 있어서, 통합이 실행된 것은 이명박 정부
지만 사실 실질적인 결정은 노무현 정부에서 했습니다.

그 당시 학생들을 비롯하여 많은 교수들은 ICU와의 통합을 원
하는데, ICU의 총장님을 비롯한 많은 보직자 분들은 통합을 반
대했어요. 인간적인 관계만 따지면 ICU의 총장님이 저보다 노
무현 대통령님하고 더 가깝습니다. 훨씬 사적으로 가깝지만, 노
무현 대통령님께서 카이스트와 ICU는 통합을 하는게 맞다는 국
가적인 결정을 해주셔서 지금도 노무현 대통령님께 정말 고맙
게 생각하고 있습니다. 또한 ICU 총장 직무대행 이혁재 교수도
통합에 많은 기여를 했습니다.

▲ 이혁재 ICU총장 직무대행:
(카이스트/ ICU 통합 기여)

ICU와 통합은 오늘날 큰 영향을 줬어요. 카이스트에도 큰 영
향을 줬죠. 과학기술과 IT를 분리한다는 것은 불가능해요. 모
든 분야가 다 IT하고 다 연결되어 있죠. 바이오, 나노, 의료, 문
화 등 연결되지 않은 게 없어요. 이처럼 과학기술과 IT의 결합
은 굉장히 중요했고, 그 다음 과학기술부와 정보통신부 (정부조
직 미래창조과학부 신설, 현 과학기술정보통신부)가 연합되는데 이 카
이스트-ICU 통합이 큰 역할을 했다고 봅니다. 그리고 통합을
통해서 카이스트 자산이 1조 원을 넘기죠. 자산도 많이 늘고 교
수 수도 늘고 예산도 많이 늘고 그랬습니다. 그때 우리 한국영

재학교[주20])도 부설로 하지 않았습니까? 2009년 2월 6일에 했는데 그것도 중요한 거 같아요.

이광형 그럼요. 그 당시 한국영재학교가 부산에서 부산교육청 산하로 있었습니다. 한국영재학교는 과기부에서 예산지원해서 만들었는데 예산도 과기부에서 나갔어요. 그런데 소속은 부산교육청으로 해놨어요. 그 상태로 부산에서 운영을 하다 보니 과기부가 예산을 절반 이상 대고, 부산교육청도 예산을 조금 대면서 운영을 했어요. 그러다 보니 부산교육청에서 애로사항이 생겼는데, 전국구로 시험을 봐서 뽑으니까 부산 학생은 얼마 못 들어가는 거예요. 그러니까 부산 시민들은 우리가 돈 내서 학교를 만들었고, 부산학교라는 인식이 있어서 자꾸 부산 학생들 좀 뽑아달라고 했었어요.

그런데 학교에서는 "우리가 그런 걸 보고 뽑냐? 우리는 학생들을 평가해서 뽑는 거지."라는 입장이었어요. 그러니 부산출신 학생은 약 10명 정도 밖에 못 들어가요. 결과적으로 부산광역시에서 우리가 돈을 잘못 쓰고 있다는 여론이 일기 시작했어요. 그러니까 부산교육청에서 "그러면 이걸 국립으로 바꾸자."라고 얘기가 나온 거예요. 그런데 우리가 볼 때 국가 어디에서 관여를 하냐고요, 고등학교를. 그렇게 되면 이게 철도고등학교 정도가 되어 버리죠. 그래서 그 당시 설동근 교육감하고 카이스트 밑으로 들어오라고 담판을 했죠.

장순흥 맞아요.

이광형 "국가로 넘기면 국가에서 관여할 곳이 없어서 이때까지 만들어 오신 것이 다 무너질겁니다. 그러니까 카이스트로 오세요."라고 담판이 돼서 카이스트 법을 고치고 준비해서 카이스트 부설로 됐죠.

장순흥 그리고 이건 아마 의미가 있을 거 같아서 얘기하는데, 글로벌라이제이션 프로젝트를 시작할 당시 QS 평가 같은 게 많았잖아요? 그 당시 글로벌라이제이션 프로젝트 시작할 때 우리 학교가 공학 및 IT 분야에서 37등이었는데, 제가 2010년까지는 20위 권에 넣겠다고 주장했어요.

그래서 2010년도에 21위였던 거 같아요. 그게 제가 교학부총장 보직을 퇴임하면서 제일 흐뭇했던 점입니다. 글로벌라이제이션 프로젝트가 2006년에서부터 2010년까지 하는 프로젝트였는데 2010년도에 우리가 공학 및 IT분야에서 21위까지 올라갔다는 것. 그 당시 객관적으로 볼 때 아주 좋은 평가였다고 기억하는데 지금은 어떻습니까? 우리 순위가 지금은 어떻게 돼요?

노시경 지금 2019년도의 공학순위가 THE하고 QS가 조금 다른데, 각각 33위 정도 수준입니다. 말씀하신 대로 2009년도, 2010년도 까지만 해도 THE하고 QS를 통합해서 발표를 하던 시기였습니다. 지금 올라간 부분도 있겠지만 그때 21위였고, 지금 현재는 26위 정도 하고 있는 상황입니다.

장순흥 그래서 그때 객관적 데이터도 괜찮았던 거 같아요.^{주21)}

QS, THE 대학순위

이광형 그럼요.

장순흥 그래서 저는 2010년이 그런 면에서 의미가 있었다고 생각을 합니다

이광형 2010년이 아마 가장 좋은 시기가 아니었나 하는 생각아 드네요. 2010년 여름까지가 가장 좋은 시기, 피크로 발전하는 중이었죠. 그러고서 그때부터 학교에 학내 문제가 생기면서 소용돌이가 일었죠.

맺은말

장순흥　이광형 교수님, 우리 같이 2001년부터 2010년까지 쭉 얘기하면서 느끼시는 것에 대해 마지막으로 한 말씀 해주시죠.

이광형　저는 가장 큰 것이 우리 의식을 바꿨다는 겁니다. 글로벌라이제이션 프로젝트 예산이 있었기 때문에 가능했다고 생각이 되는데, 그 전에는 교수님들에 대해 평가를 하고 인센티브를 차별화하는 것이 없었어요. 감히 어떻게 그런 얘기를 꺼내요. 누가 어떻게 교수를 평가를 하냐고 했었죠.

그런데 그 기간 동안 교수 평가를 해서 연말 인센티브도 차등 지급하고, 또 학과 평가도 생겨서 학과 별로 평가도 했죠. 그렇게 평가를 한다는 생각을 심었던 게 상당히 큰 변화가 아닌가? 이 생각이 있으니까 테뉴어 제도도 생기고 했던 게 아닌가 하는 생각이 들어요.

장순흥　2001년부터 2010년까지 쭉 보면, 2001년도에는 아주 어려운 상황이었음에도 2010년에는 참 좋은 결과를 낳았어요. 그래서 저는 "카이스트는 뭔가 새로운 걸 해야 된다. 국민들은 카이스트에 계속 관심을 가지고 있다."고 생각을 해요. 그래서 새로운 도전을 하면 그만큼 후원도 많아지고 평가도 올라갔던 것 같아요.

그래서 전 "무엇을 해야 될까?"를 좀 더 고민했으면 좋겠어요. 카이스트는 무한한 가능성을 가지고 있고, 또 카이스트가 한국의 롤모델이 되어야 하기에 저는 계속적으로 새로운 것에 도전했으면 좋겠습니다. 계속 고민하고 새로운 것에 도전하는 것이 카이스트의 임무라고 생각합니다.

이광형　저도 마무리로 한마디 더 붙이고 싶은데요. 요약해보면, 그 당시에 했던 일 중 중요한 것 들이 테뉴어 제도 도입, 영어강의 도입, 입학사정관 제도 도입 그리고 학과별 교수 TO를 없앤 것이었죠. 그 다음 후임자들이 이 제도들을 없애지 않고 계속 유지해줬던 것에 큰 감사를 표하고 싶네요.

그게 원위치 됐더라면 학교가 오늘날의 이런 모습이 되지 못했을 거라는 생각이 듭니다.

장순흥　지금 후임 총장님께서도 그걸 아주 잘 하고 계시니 지금도 2010년의 기조는 계속 가고 있네요.

이광형　네. 카이스트는 계속 변화를 추구해야 된다고 그러셨잖아요? 그 말을 들으니 생각나는 말이 있더라고요. 배는 항구에 있을 때 가장 안전하다는 거예요. 항구에 정박하고 있으면 안전하대요. 그러나 배의 목적은 항구에 있는 것이 아니라 항해를 해야 되는 거예요.

장순흥 그렇죠.

이광형 항해가 무섭다고 해서 항구에만 있으면 그 배는 쓸모가 없는 거예요.

장순흥 그게 맞죠.

이광형 카이스트도 마찬가지죠. 항해에 도전해야 됩니다.

장순흥 해야죠. 큰 아쉬움이 남는 부분이 하나 있다면 2008년도에 '카이스트와 한국생명공학연구원 통합'을 진행하였으나 생명공학연구소의 통합반대 및 연구원장 사표로 통합이 무산되었던 것입니다. 카이스트는 바이오 및 메디컬 분야에서 세계 선도 대학을 목표로 바이오 및 공학, 물리학 등을 융합하고 세계적인 임상전문 연구병원 설립하여 세계 바이오 산업을 선도하며, 대덕단지와 카이스트를 세계 최우수의 바이오 클러스터로 조성할 플랜을 계획했었어요.

그래서 카이스트는 '한국생명공학연구원'과의 통합이 절실하였는데 생명공학연구소는 흡수 통합 또는 부설기관이 되어 인사권 및 예산권 등을 주도하지 못할 것이라 판단하여 결사 반대를 하였고, 대안으로 'BT, IT, NT 융합연구단 설립'을 위한 MOU를 체결하며 통합은 무산되었어요.

통합 추진 10여 년이 흐른 지금에 생각해보니 바이오 산업 세계 1위 보스턴에는 MIT 중심의 '바이오 생태계'가 조성되었고, 글로벌 TOP20 제약회사 중 19개가 보스턴에 연구소개설을 하는 등 세계적인 '보스턴 바이오테크 클러스터(Boston Biotech Cluster)'가 조성되어 1,000여 개의 바이오 기업단지 입주, NIH로부터 보스턴 5,800억 원, 샌프란시스코(바이오 산업 선두 지역) 2,500억 원을 바이오산업에 투자 받고 있고, 우수한 제약사, 바이오 연구, 병원, 바이오 관련 산업 등으로 세계적인 클러스터가 되었어요. 보스턴 바이오 생태계[MIT Susan Hockfield 총장(예일대 바이오전공교수, 2004 ~2012년)과 매사추세츠 주지사 Deval Patrick(2007년~2015년) '생명과학 이니셔티브선언']를 바라보며 카이스트가 세계적인 바이오 클러스터 조성을 못한 것이 매우 마음이 아프고, MIT를 중심으로 보스턴 바이오 생태계와 같은 클러스터를 조성하지 못한 실수가 반복되지 않도록 미래 산업을 주도할 분야의 연구와 도전을 해가는 리더의 기관이 되기를 기원하며 마무리를 합니다.

이광형 끝으로 한가지 덧붙이고 싶은 것이 있습니다. 장순흥 교수님하고 10년을 일하면서 항상 의견이 일치한 것은 아닙니다. 그런데도 거의 대부분 장 교수님께서 저의 의견을 존중해 주셨습니다. 그런 중에도 몇 가지 서로 의견이 달랐던 경우가 있었던 것 같습니다. 어떤 때는 장 교수님의 의견에 따라서 하고, 어떤 때는 저의 의견대로 했습니다.

그런데 지금 많은 시간이 지나서 돌이켜보니, 장교수님의 의견을 따랐던 것들은 모두 결과가 좋았고, 저의 고집으로 했던 것들은 잘 안되었던 것 같습니다. 지금은 그 상황을 복기하며 반성하고 지혜를 배우고 있습니다.

장순흥 하하하, 덕담으로 듣겠습니다. 감사합니다.[**]

부록

[참고자료 및 주석, 사진]

주1) 홍창선(洪昌善, 카이스트 11대 총장, 2001.06.09~2004.05.30)

학력

1967	연세대 기계공학과 졸업
1971	연세대 대학원 석사
1977	미국 펜실베이니아주립대 박사

경력

1979~1981	한국과학기술원 조교수
1981~1987	한국과학기술원 부교수
1987~2009	한국과학기술원 교수

1990~1992	미재료공정학회 이사
1994~1996	한국과학기술원 교무처장
1996~1997	한국항공우주학회 회장
1997~1998	한국과학기술원 공학부장 겸 기계기술연구소장
1998~2002	한국복합재료학회 회장
2001~2004	제11대 카이스트 총장
2002~2004	과학기술 분야 출연기관장협의회 회장
2004~2008	국회의원
2009~	카이스트 명예교수

주2) 파업_ 2000년 임금 및 단체협약(시설 민영화 관련)

3.3	임단협 교섭
3~9월	본교섭 6회, 실무교섭 11회, 101개
	사항중 31개 미타결
9.25	충남지방노동위 조정신청
9.26	야간 농성 시작
10.5	조정 결렬
10.6	쟁의행위 찬반투표, 3개 지부 87.1% 찬성
10.9	철야 천막 농성 시작
10.16	과기부 상대 사이버 파업
10.19	기획예산처 상태 사이버 파업
10.27	1차 전면 파업
11.8~14	기관장 출근 저지
11.22~24	2차 총파업(난방 및 온수 공급 중단
	11.22일~24일, 3일간 72시간)
12.13~	전면파업(무기한)
2001. 1. 5	원장실 점거
2001. 2. 1	업무 복귀(1.31 제 7대 집행부 총사퇴)
2001. 2	시설분야 민영화_시설직 직원 42명 정리해고 및
	희망퇴직(퇴직자 일부 용역회사 재고용)

주3) 전 미래산업 정문술 회장 기부(2001년 7월, 300억 기부)
2001. 7. 19 정문술 이사장 300억 기부

바이오 및 뇌공학과 설립 및 정문술 빌딩 건립 후 8년만에 정문술 빌딩 첫 방문. 기부금 110억 원으로 지하1층, 지상11층 2003년 8월 완공했다.

그러나 정이사장은 이 빌딩의 기공식, 준공식 행사에 참석하지 않았다. 그동안 카이스트를 여러 차례 방문했으나 자신의 기부로 만들어진 이 빌딩에 단 한 번도 방문하지 않았다.

▲ 정문술

▶2001년 300억기부로 탄생한 정문술빌딩

▲ 2001년 300억 기부로 탄생한 정문술 빌딩

정문술 빌딩에서 국민에게 희망을 주는 신기술이 나오기 전에는 들어가지 않겠다는 신념 때문이었다.

정문술 회장의 기부 뒷 이야기

정문술은 왜 이광형에 515억을 부탁했을까?

2001년 300억 기부 정문술 전 미래산업 사장, 올 초 또 215억 기부 이유는?

http://www.newdaily.co.kr/site/data/html/ 2014/01/23/2 014012300077. html

정문술 전 이사장의 카이스트 515억 기부 뒷이야기(카이스트 홈페이지)

NewDaily 2014-01-29 심재율 기자

▲ 두 사람의 특별한 인연이 화제가 되고 있다. (왼쪽부터 이광형 카이스트 교수와 정문술 전 카이스트 이사장.

이광형 카이스트 교수와의 '댓가없는 인연'으로 시작 학교 내분·학과 신설 반발로 기부 좌초 위기도 겪기도

지난 10일 정문술 카이스트 전 이사장이 카이스트에 215억 원을 기부해 큰 화제를 모았다. 2001년 기부에 이어 두번째 기부로 총 515억 원을 기부한 그는 국내 개인이 대학에 낸 기부금 가운데 두 번째로 많은 금액으로 '노블리스 오블리주'를 실현한 사례라며 많은 언론에서도 주목했다.

기부약정식에 참석한 정 이사장의 행보가 많은 주목을 받은 가운데 그의 옆을 계속 지켰던 이광형 카이스트 교수와 정 이사장의 특별한 인연에 얽힌 기부 에피소드가 화제다.

2001년 정 이사장의 300억 기부를 카이스트가 거절했던 사연과, 미래를 위해 의기투합을 할 수 밖에 없었던 두 사람의 이야기를 들어봤다.

◆ 바라는 것, 원하는 것 없이 만난 두 사람의 인연

이광형 카이스트 바이오 및 뇌공학과 미래산업 석좌교수는 1996년 가을 우연히 신문귀퉁이에서 정문술 전 이사장(당시 미래산업 회장)의 기사를 접했다. '기술중심 개발을 하며 자식들에게는 회사구경은 시키지도 않을 것이고, 회사를 되물림하지 않겠다'고 선언하고 회사를 경영한다는 이야기였다.

그의 회사 경영방침에 크게 공감하고 감명받은 이광형 교수는 정 전 이사장을 꼭 만나보고 싶어 연락처를 수소문했다. 당시 정 이사장은 카이스트와 전혀 연이 닿아있지 않은 사람이었지만 정 전이사장도 이 교수를 만나는 것에 흔쾌히 동의했다.

정 전 이사장을 만나기 위해 미래산업을 방문한 이광형 교수와 그의 제자들은 반도체 장비업체인 미래산업을 둘러 보며 반도체 장비를 움직이기 위한 소프트웨어를 개발해보겠다고 먼저 제안했다. 이 교수와 제자들은 미래산업의 연구자들과 SW를 개발했고 실제 공정에도 사용했다. 그러기를 몇 달, 인건비 등을 요구하지 않는 이 교수와 제자들이 이상하다고 생각한 그는 직접 이유를 물었다.

"시키지도 않았던 일도 해주고 있는데 왜 돈을 요구하지 않지?"
(정문술 전 이사장)

"저는 카이스트 졸업생으로 국가에 빚을 많이 졌습니다. 올바른 길을 걷는 회사를 도와 잘 되게하고, 경제성장을 일으키는 것이 빚을 갚는 한 가지 방법이라고 생각하고 있고, 제자들도 같은 생각을 하고 있습니다."(이광형 교수)

이광형 교수팀은 미래산업에 좋은 SW를 제공하기도 했지만 사실 손해를 끼치기도 했다. 그럼에도 믿고 기다려 주어 좋은 성과를 낼 수 있었기에 오히려 정문술 전 이사장에게 고마운 마음이 컸다. 서로에게 감사하다고 생각한 가진 두 사람 마음은 서로를 믿고 의지해 더 돈독한 사이가 되는 계기가 됐다.

그러던 2001년 정문술 전 이사장은 회사가 잘 운영되는 상황에서 회사와 전혀 관계없는 우수한 직원에게 회사를 넘기고 은퇴를 결심하면서 좋은 일에 돈을 쓰기 위해 이 교수와 의논하기 시작했다. 그래서 나온 답이 카이스트에 컴퓨터와 생물, 전자를 융합하는 학과를 신설하도록 300억을 기부한다는 내용이었다.

정 전 이사장은 2001년 개인 기부금으로는 최대 금액인 300억원을 카이스트에 기부했고, 바이오·뇌과학과를 신설하는게 기여했다.

"앞으로 새로운 세상이 열릴텐데 우리는 어떤 준비가 되어 있는가를 고민하셨어요. 그러면서 미래에는 바이오와 정보가 융합하는 세상이 열릴 것이라는 생각이 들었고 이를 대비할 수 있도록 준비하자고 의기투합했습니다"(이광형 교수)

◆ 300억 기부 반대한 카이스트에 과기부 장관 나선 이유는?
300억 원의 기부가 순탄하게 진행된 것 같지만 사실 밝혀지지 않은 에피소드가 있다.

2001년 봄, 이 같은 제안에 카이스트 내부의 분열이 일어났고, 기부를 거부하는 상황도 있었다는 점이다.

융합이라는 단어 자체가 생소했던 당시였기에 카이스트는 학과 신설을 반대했다. 공부한 졸업생들이 취업이 안 되면 어떻게 할 것이며, 교수들은 어디서 모셔오고, 공부는 어떻게 시킬 것인지 우려됐기 때문이다.

2001년 5월 카이스트 총장과 관련 학과장, 본부처장 그리고 정문술 전 이사장과 이광형 교수가 모인 가운데 열린 회의에서 결국 '새로운 학과를 신설하지 않으며, 기부도 받지 않겠다'는 의견이 도출됐다. 큰 마음 먹은 기부를 알아주지 못한 카이스트가 원망스럽기도 했지만 새로운 시도에 있어 걱정스러워 하는 그 마음 역시 이해가 되기에 두 사람은 새로운 기관에 같은 제안을 해보려고 시도를 했다.

어떻게 하면 좋을까 고민을 하던 중 과학기술부와 이야기를 해봐야겠다고 결심한 두 사람은 다짜고짜 비서실에 전화부터 걸었다. 유희열 차관은 그동안의 이야기를 듣고 장관에게 이 일을 보고 했다. 당시 장관이던 김영환 국회의원은 이 이야기를 듣고 카이스트야말로 이 분야를 선도할 기관으로 새로운 융합분야에 의기투합하자는데 의견을 함께하며 많은 도움을 줬다. 김영환 국회의원이 지난 10일 기부약정식에 참여한 이유다.

김영환 장관과 카이스트가 이야기를 하는 시점에 카이스트의 총장도 새롭게 선임됐다. 새로 온 홍창선 총장은 바이오융합에 관심이 많았고 새로운 학과의 신설은 그렇게 순조롭게 이어졌다. 그러나 또 한 번의 위기가 찾아왔다. 홍창선 총장이 임기를 마치고 2004년 외국에서 온 새로운 카이스트의 총장 러플린 박사가 "2005년까지 이 과를 해산하고 기부 받은 돈을 스템셀 연구를 하는데 써야 한다"고 주장하고 나선 것이다. 스템셀 연구는 황우석 박사 연구분야로 당시 상당한 주목을 받고 있었다.

그러나 기부 협약서에 있는 내용을 전면 수정할 수는 없는 일이다. 총장의 강요가 있었지만 이 교수는 학과를 지켜내는데 힘썼고 러플린 총장은 여러 사정으로 임기 2년만에 총장직에서 물러났다.

지금은 융합없이 연구개발을 말할 수 없을 정도로 곳곳에 융합이라는 단어가 쓰이고 있다. 사람들의 우려가 있었지만 미래를 바르게 점친 덕분에 바이오 및 뇌공학과는 성공적인 성과를 거둘 수 있었다. 당시 기부했던 돈도 카이스트에서 알뜰하게 쓴 덕에 거액이 남아있다.

헛돈을 안쓰고 알뜰하게 살림을 한 카이스트, 그리고 세상을 바꾸는데 일익을 할 수 있었다는 기쁨은 그를 두 번째 기부로 이

▲ 정문술 전 카이스트 이사장이 215억 원을 기부했다. 사진은 지난 10일 리츠 칼튼호텔에서 열린 카이스트 발전기금 약정식 모습.

끌었다. 그것이 최근 미래전략대학원과 뇌인지과학연구를 카이스트에서 할 수 있도록 215억을 기부한 내용이다. 카이스트는 이번 기부를 통해 정문술 제 2빌딩을 짓고 미래전략대학원과 뇌인지과학연구가 가능토록 연구실을 구축할 계획이다.

정 전 이사장이 전 재산을 정리하고 거액을 카이스트에 맡겨 '부를 되물림 하지 않겠다'는 자신의 약속을 지킬 수 있었다. 이 같은 약속을 지킬 수 있었던 것은 이광형 교수와의 인연, 그리고 열심히 해보려는 사람들의 노력이 있었기에 가능했던 일이 아니었을까.

"그 때 왜 더 많은 돈을 화끈하게 기부하지 못했는가, 이런 아쉬움을 갖고 지내온 게 사실입니다. 미래학을 개최하고 미래전략 지도자에 대한 교육시스템을 갖추는 것이 좋겠다 해서 이 분야에 기부하게 됐습니다. 무엇보다도 제 자신과의 약속, 대물림하지 않겠다는 약속을 지키게돼서 아주 안도하고 하나의 행운이라 생각합니다"(10일 기부약정식 인터뷰 중에서)

▲ 정문술 전 카이스트 이사장이 215억원을 기부했다. 사진은 지난 10일 리츠
칼튼호텔에서 열린 카이스트 발전기금 약정식 모습.

주4) 나노 종합 팹 센터(현 나노종합기술원)

NNFC, Nano-technology R&BD Hub(나노종합기술원)

세계 최고의 공정서비스 제공하는 국가 나노 R&BD 허브 나노
종합 팹 센터 선정(2002.7) 및 시설 구축 협약(2002.10)

- 2004.05.04. 카이스트 부설 나노 종합 팹센터 승격(현 나노종합기
  술원), 나노 종합 팹 센터 기공식(2010년까지 약2,900억 원, 5,150
  평) 시설ㆍ장비의 공동활용을 통한 연구개발지원, 연구성과의
  실용화 및 중소기업의 창업지원

※ 설립근거 : 나노기술개발촉진법(제 11조)

▲ NNFC, Nano-technology R&BD Hub.(나노종합기술원)

주5) 노무현 대통령 후보자 카이스트 방문

노무현 후보 카이스트 방문 및 카이스트 주요사업 지원 계기

– 대전 한국과학기술원 시청각실(강연 후 미팅)

　2002.10.25. 대전 한국과학기술원(카이스트)을 방문해 학생들을 상대로 강연하다. 강연에서 "인터넷 홈페이지를 통해 들어오는 후원금이 오늘 자정이면 10억 원을 넘길 것 같다"며 "축구뿐만 아니라 정치도 4강으로 갈 수 있으니 돈 좀 많이 내달라"고 말해 학생들의 웃음을 자아냈다.

[노무현 대통령 후보_카이스트 방문] 2002.10.25

노무현 민주당 대통령 후보는 2002년 10월 25일 한국과학기술원 (카이스트)을 방문해 500여 명의 학생들을 상대로 한 강연에서 "인터넷 홈페이지를 통해 들어오는 후원금이 오늘 자정이면 10억 원을 넘길 것 같다"며 "축구 뿐만 아니라 정치도 4강으로 갈 수 있으니 돈 좀 많이 내달라"고 말해 학생들의 웃음을 자아냈다.(강연 영상 http://archives.knowhow.or.kr/m/record/all/view /2051830)

노 후보는 '21세기 과학한국의 미래'의 주제로 강연하며, 국가경쟁력의 3가지 조건으로 '기술혁신' '합리적인 시장시스템' '합리적이고 통합된 사회'를 제시하고, "국정운영에 있어서 과학기술을 가장 우대하는 정책을 시행하여 '과학입국'의 시대를 열겠다"고 밝혔다.

구체적인 부분에서 노후보는 "대통령이 되면 기술고시 선발인원을 행정고시 수준으로 늘리고 청와대에 과학기술수석을 신설하여 매월 한 차례씩 과학기술자들과 간담회를 갖겠다"고 말하고 "순수 과학기술 예산을 GDP의 3% 수준으로 늘리겠다"고 약속하였다.

카이스트에 분 바람은 '盧風'일까 '虛風'일까

[노무현 방문]유세장 방불…과학기술 무더기 공약

25일 오후 3시쯤 카이스트에서는 난데 없이 '노무현'을 연호하는 소리가 울려 퍼졌다. 장소는 인문사회과학관 1층 시청각실에서다. 예정보다 20여 분 늦게 도착한 노무현 민주당 대통령 후보는 3백석 규모의 강의실을 꽉 메운 학생들 틈을 비집고 들어가 간신히 연단에 자리를 잡았다. 노무현을 연호하는 목소리는 사회자가 마이크를 잡을 때까지 계속됐다. 이날 행사는 노무현 후보가 대

통령 후보로 선출된 뒤 공식적인 첫 대덕밸리 방문행사. 그는 이 자리에서 '21세기 과학한국의 미래'라는 제목으로 40여 분간 강연회를 가졌다. 강연회는 시종일관 화기애애하게 진행됐다. 좌석이 모자라 서 있는 학생들이 복도까지 꽉 찼을 정도로 열기가 뜨거웠다. 학생들은 노 후보가 강연을 하는 동안 30여 차례의 박수로 호응했다. 유세장을 방불케 했다. 노 후보는 학생들을 상대로 과학기술과 한국의 경쟁력 확보 방안에 대해 열변을 토했다. 다만 이런 열기의 상당수가 '노사모'라고 카이스트의 한 관계자는 귀띔했다. 노 후보는 이자리에서 "나라가 경쟁력을 가지려면 기술혁신과 합리적인 시스템을 갖춰야 한다"면서 "심한 불균형 양상을 보이고 있는 수도권과 지방간의 불균형을 반드시 바로 잡아야 할 것"이라고 주장했다. 그는 또 "제가 대통령이 되면 과학기술을 챙기기 위해 과학기술비서관을 신설할 것"이라고 밝혔다. 오후 4시쯤 노 후보가 자리를 옮긴 곳은 대전롯데호텔. 이곳에서 노 후보는 대덕연구단지 주요 기관장들과의 만남이 예정되어 있었다.

황해웅 연구단지 기관장협의회 회장이 10여 분 늦게 도착한 노후보에게 자리를 안내했다. 이날 행사는 황 회장을 비롯 40여 명이 참석한 다소 '조촐한' 모임. 기관장은 황 원장과 표준과학연구원 은희준 원장, 카이스트 홍창선 원장이 참석했다. 나머지 참석자들은 개인사정과 출장 등을 내세워 대부분 대리인들이 참석했다. 노 후보는 이자리에서 과학기술과 관련한 다양한 정책을 약속했다. 그는 "한국이 경쟁력을 갖추려면 기술혁신이 반드시 필요한데 과학 입국의 기치를 다시 높이 들 생각"이라면서 "강력한 이공계 우대 정책으로 다시 한번 펼칠 것"이라고 주장했다. 노 후보는 이어 "이공계 출신의 비율을 높이기 위한 방법으로는 기술고시 출신을 현재의 행정고시 출신 수준으로 높이고 사회적으로 이공계를 선택하면 다양한 혜택이 돌아가도록 할 생각"이라고 방안을 늘어놓았다. 연구개발과 관련 그는 "현재 연구개발 투자를 보면 GDP 대비 2.5% 안팎인데 3% 정도로 향상시킬 예정이다"라면서 "이렇게 바꾸면 거품을 제거할 수 있어 실제로는 30% 정도의 연구개발 투자 상승 효과가 있을 것"이라고 밝혔다. 그는 또 예산배분과 관련 "과학기술과 전혀 무관한 기획예산처에서 모든 예산을 좌지우지하는 것은 모순"이라며 "연구개발을 제대로 분배할 수 있는 별도의 시스템을 만들어서 배분을 해나갈 것"이라고 말했다.

노 후보는 연구비와 관련 "연구원들의 사기가 떨어진 것은 인건비 고정비율이 너무 낮고 연구개발 수주에 너무 많이 매달리다 보니 안정된 연구를 할 수 없다는 소리를 많이 들었다"면서 "PBS는 동기 유발 수준으로 줄이는 방법으로 인센티브 제도를 개혁할 계획"이라고 말했다.

이와 관련 행사를 마치고 돌아가던 한 과학자는 "선거전이면 매번 이런식의 공약이 남발된다"면서 "후보들이 약속한 공약이 지켜지기만 했어도 한국의 과학기술이 이렇게 되지는 않았을 것"이라고 넋두리를 하기도 했다. 공약이 허풍에 그치지 말고 지켜져야 한다는 뜻이다. "집권하면 수도 대전 인근 이전" 한편 노후보는 이에앞서 대전방송과의 인터뷰에서 "대전과 청주 인근에는 비행장과 대덕연구단지 등 중요시설들이 있는 핵심 지역"이라면서 "대통령이 마음만 먹으면 (수도이전)충분히 실행 할 수 있다고 본다"며 대전인근에 대한 수도권 이전을 임기내에 실행할 것을 약속했다.

- 2003.4.21. 제36회 과학의날(카이스트 대강당) 노무현 대통령 방문 타임캡슐 매설
- 2004.2.20. 노무현 대통령 학위수여식 축사 "국가발전을 이끌어 가는 인재가 되십시오."

구남평 기자 flint70@hellodd.com, 대덕넷

주6) 로버트 러플린(2004.07.14.~2006.07.13.) 카이스트 제12대 총장

학력

1972	미국 캘리포니아대 수학과 졸업
1979	미국 MIT 박사

경력

1979~1981	미국 벨연구소 연구원
1981~1982	미국 로렌스 리버모어 연구소
1985~1989	미국 스탠퍼드대 부교수
1989~	미국 스탠퍼드대 교수
1998	노벨 물리학상 수장
2004~2006	제12대 카이스트 총장

주7) 카이스트 Globalization Project(2006~2010 매년 200억, 1,000억, Good Money;Flexible Money)

카이스트 글로벌화⋯러플린 퇴임해도 계속 진행
교수 및 학생 국제 경쟁력 높여 2010년까지 '세계 20위권 대학' 도약

카이스트(한국과학기술원, 총장 로버트 러플린)가 세계화 프로젝트 (Globalization Project)를 러플린 총장의 퇴임과 상관없이 계속 이어간다. 17일 장순흥 카이스트 부총장은 기자간담회를 열어 카이스트에서 추진 중인 세계화 프로젝트의 향후 일정에 대해 설명했다. 장 부총장은 "이번 세계화 프로젝트를 통해 현 공학 및 IT 분야 37위에서 2010년까지 세계 20위, 차후 2015년에는 세계 10위권 진입까지 목표로 하고 있다"고 밝혔다. 카이스트는 이번 프로젝트에서 '창의적 글로벌 리더 양성을 위한 수요자 중심의 교육'

과 '국제 경쟁력을 갖춘 우수교수 확보' 두 가지를 통한 국제 경쟁력 강화를 목표로 잡았다. 특히 글로벌 경쟁력의 가장 기본이 되는 영어실력의 향상을 위해 현재 50% 수준인 영어수업을 매년 10%씩 늘려 2010년에는 모든 교과목을 영어로 진행할 방침이다. 또한 같은 과목을 영어와 국어로 2번 강의를 하게 되는 Bliingual 강의도 30% 수준까지 끌어올릴 예정이다.

이러한 방법 등을 통해 현재 18%에 그치고 있는 토플 600점 이상 학생을 최대 40%까지 늘리고 개발도상국 우수학생 등을 꾸준히 유치해 500명 가량의 외국인 학생을 2010년까지 카이스트에 입학시킬 계획이다. 또한 수요자 중심 교육을 위해 다양한 교과과정 개선도 준비하고 있다. 전공 분야 외의 Pre-med, 법률, 경제·경영, 예술분야 등의 교과목을 신설해 학생들이 과학 외 다양한 분야에 대한 지식을 습득할 수 있도록 지원한다. 그 외 학부생이 직접 연구에 참여할 수 있는 R&E 프로그램도 매년 50과제씩 꾸준히 마련돼 학부부터 고기잡는 법을 배울 수 있게 된다. 또한 카이스트는 국제 경쟁력을 갖춘 우수 교수를 확보하기 위해 다양한 제도를 준비하고 있다. 특히 10년 안에 교수 성과를 판단해 교수직을 연임 여부를 판단하는 테뉴어 제도를 올해 안에 강화해 시행할 계획이다. 현재 명목상으로만 유지되고 있던 이 제도를 미국 상위 10%대학 기준을 적용해 교수들의 경쟁력을 높이는데 이용하게 된다. 교수 정원도 현 423명에서 550명까지 늘릴 예정이 며 SCI(세계과학기술논문 인용색인)급 게재 실적 등을 통해 임용자 업적평가를 꾸준히 진행할 예정이다. 카이스트는 교수 평가와 관 련해 인센티브제 강화 도입도 우수교수를 확보하는 데 중요 사항 으로 꼽고 있다. 국내파 교수들의 경쟁력을 높여 네이쳐, 사이언 스지 같은 해외 Top 저널에 개제되는 논문을 현 연간 4편에서 8 편까지 끌어올릴 방침이다. 그 외 2010년까지 외국인 교수를 80 명까지 초빙해 전체 교수 대비 15%의 비율을 확보해 세계화에 좀 더 바짝 다가설 계획이다. 장 부총장은 "이번 국제화 프로젝 트는 국제적 수준의 교육·연구기반 구축을 통한 글로벌 리더 양 성 및 국제적인 대학으로의 도약을 위해 시행된다"며 "이 사업은 러플린 총장이 계획한 사업이지만 그가 떠난 후에도 정략적으로 이어 나갈 것이다"고 말했다.

김상현 기자 nakedoll@hellodd.com

"글로벌 통해 싱가폴 대학처럼 비상"
카이스트 장순흥 대외부총장...글로벌라이제이션 스타트

"싱가포르 대학이 세계 10위권 대학으로 발전할 수 있었던 것은 철저하게 글로벌화를 추진해 왔기 때문입니다. 카이스트는 연구 역량과 교수진과 학생 등 인적자원은 물론 모든 면에서 우수함에 도 글로벌화를 추진하지 않았기에 국제적인 대학으로 발전하는 데 한계를 드러냈습니다."

한국과학기술원(카이스트) 장순흥 대외부총장은 카이스트가 추진 하고 있는 글로벌라이제이션 프로젝트의 중요성에 대해 이같이 역설했다. 글로벌화만이 카이스트가 세계적인 대학으로 발돋움 할 수 있고 창의적인 글로벌 리더 양성을 위한 교육연구기 관으로 자리매김 할 수 있다는 강한 확신 때문이다.

장 부총장은 "올해부터 2010 년까지 추진하는 글로벌라이 제이션 프로젝트는 그런 의미 에서 매우 중요한 의미를 가지고 있으며 러플린 총장 이 퇴임해도 반드시 지속돼

▲ 장순흥 부총장
©2006 HelloDD.com

야 한다"고 말했다.

카이스트 글로벌라이제이션 프로젝트는 5년간 1천억 원이 투입되는 사업으로 오는 2015년 '세계 톱 10 대학'으로 변모하기 위해 마련됐으며 이를 통해 국제적 경쟁력을 갖춘 대학으로 비상하겠다는 야심찬 계획을 담고 있다.

이를 위해 단계별 목표를 설정했으며 매년 성과지표를 평가해 목표 달성 여부를 확인하게 된다.

그는 "글로벌라이제이션 프로젝트는 오명 전 부총리 겸 과기부장관과 러플린 총장이 직접 합의해 정부가 인정한 사업으로 카이스트 개혁의 신호탄으로 받아 들여야 한다"고 전제한 뒤 "국제경쟁력을 갖춘 우수교수 확보와 수요자 중심의 교육, 국제적 수준의 인프라 구축 등을 주요 내용으로 하고 있다"고 설명했다.

우선 국제경쟁력을 갖춘 우수교수 확보를 위해 우수 신임교수를 유치하고 외국인 교수 초빙, 엄정한 성과관리를 하게 된다. 이를 위해 오는 2010년까지 우수 교수를 매년 뽑아 현재 423명의 정원에서 550명으로 증원해 교수 대 학생비율을 현행 1: 18에서 1:13으로 낮출 예정이다.

또 30명에 달하는 외국인 교수를 매년 10명씩 늘려 선발해 2010년에는 80명까지 확충하는 한편 교수평가 시스템을 한층 강화해

종신재직권(Tenure)제도 내실 운영, 성과차등 급여체계, 누적형 인센티브, 톱 저널 게재 2배 증가 등을 통해 연구역량을 개선해 나가기로 했다.

장 부총장은 창의적 글로벌 리더 양성을 위한 수요자 중심의 교육에도 투자를 아끼지 않겠다고 말했다. 과학기술 분야만이 아닌 다양한 분야의 지식을 습득하도록 하기 위해 학생들에게 경제, 경영, 예술분야와 리더십 프로그램을 마련해 다방면에 걸친 분야에 진출할 수 있는 길을 만들어 놓겠다는 것이다.

그는 "최근 각 기업의 CEO를 보면 이공계 출신들이 많아지고 있고 이들의 능력과 역량을 신뢰하고 있는 만큼 카이스트 졸업생들도 과학기술 분야만이 아닌 금융, 기업, 법률, 문화예술 등 각 분야에 고르게 진출해 카이스트 위상을 더욱 높여 나가기 위해 교과 과정을 획기적으로 개선, 운영하겠다"고 설명했다.

또 영어강의 비율을 매년 10%씩 늘려 2010년에는 대학원 강의를 100% 영어로 진행하고 학부과정은 70%까지 끌어 올려 전 학생의 영어구사수준을 한 단계 업그레이드 시켜 나갈 계획이다. 외국인 학생유치를 위해서도 개발도상국의 우수학생을 현재 150명에서 2010년 500명으로 늘려 나가기로 했다.

이밖에 학부생이 직접 연구에 참여할 수 있는 R&E 프로그램을 매년 50과제씩 꾸준히 마련돼 학부부터 현장 실습을 강화해 취업 후 현장에 바로 투입돼 역량을 선보일 수 있도록 한다.

장 부총장은 "카이스트 글로벌라이제이션 프로젝트는 세계 10위권 대학 진입을 실현하는 바로미터가 될 것으로 기대하고 있다"면서 "매년 철저한 성과분석과 평가를 하는 한편 러플린 총장이 퇴임한 후에도 지속적으로 전개해 나갈 수 있도록 공감대를 형성해 나가겠다"고 말했다.

출처 : 2006.04.24 ⓒ Science Times

주8) **서남표**(徐南杓, 2006.07.14.~2013.02.22.)
　　　제13·제14대 카이스트 총장

학력

1959	미국 MIT 기계공학과 졸업
1964	미국 카네기멜론대 박사

경력

1965~1969	미국 사우스캐롤리나대 교수
1970~1975	미국 MIT 부교수
1975~1988	미국 MIT 교수
1976~1984	미국 MIT 제조 및 생산성연구소 소장
1984~1988	미국 과학재단 부총재(공학부문 총괄)
1989~	미국 MIT 석좌교수
1991~2001	미국 MIT 기계공학과 학과장
2006~2013 카이스트	제13·14대 총장

주9) 입학사정관 및 테뉴어 제도(참고 : 카이스트 기관운영 백서/서남표, pp.62~63)

– 학교생활기록부, 수능시험, 대학별 고사 등 성적 중심의 획일
  적 학생 선발 체계 탈피
– 카이스트의 특성과 인재상에 부합하는 창의력, 잠재력을 가
  진 학생 선발

세계 최고 수준의 교육

연도	선정 유형	국고지원금액 (천원)	입학사정관제 실시전형	모집 인원
2008	선정 유형	380,000	일반전형,수능일반전형,외국인전형,외국고전형	850명내외
2009		787,728	학교장추천전형,일반전형,외국고전형,외국인전형	1,020명내외
2010		846,810	학교장추천전형,일반전형,외국인전형	950명내외

기대 효과로는

– 카이스트의 특성과 미래비전, 인재상에 부합하는 인재 선발
  시스템 구축

106

– 선도대학으로 선정되며 서류평가, 심층면접, 방문면접 등에 대한 카이스트의 우수한 노하우가 전파돼 국 내 대학입학제도 선진화에 기여

입학제도 개선
■ 심층면접 도입
○ 목적 : 과학기술계 글로벌 인재 양성을 위한 창의 인재 선발
○ 심층 면접 방안
– 개인면접 : 획일화된 면접을 지양하고 탐구역량, 대인관계 역량, 내적 역량, 영재성, 창의성 등 각 개인의 역량에 맞춤화된 면접 실시
– 토론/토의 면접 : 토론과 토의를 통해 타인과의 원활한 소통 능력, 논리 전개 능력, 창의적 아이디어 도출 역량 확인

○ 파급효과 및 의의
– 과학기술계를 이끌어갈 리더십과 풍부한 사회성 및 인성을 겸비한 인재 선발에 기여
– 카이스트의 토론/토의 면접 실시로 국내 고등학교들의 토론·토의형 수업 활성화 및 그에 따른 청소년들의 창의성 계발에 기여

■ 융합형 인재 선발제도 도입

O 2+3융합학사과정 신설

- 목적 : 타 대학에서 다양한 기초과정(인문 · 사회 · 예술 등)을 수료한 학생들이 과학기술계 리더로 성장할 수 있는 기회 부여
- 선발방법

  1차 서류전형 : 영재성, 발전 가능성, 외국어 능력을 고려한 융합형 인재 선발

  2차 종합평가 : 지원학과의 전문성, 인성, 과외 활동실적 등을 종합평가해 최종 선발
- 파급효과 및 의의 : 국가와 사회가 필요로 하는 21세기형 융합형 인재 배출

O 융합자유선택 프로그램(석사학위과정) 신설

- 목적 : 석사과정 진학 시 학사과정과 다른 전공을 선택할 수 있는 기회를 제공함으로써 혁신적인 성과 도출이 가능한 융 · 복합 연구 활성화
- 선발방법: 1차 서류전형, 2차 면접평가
- 파급효과 및 의의 : 학생에게 지도교수 선택권을 부여해 학사과정 전공을 석사과정과 접목할 수 있도록 하면서 기존 기술의 한계를 돌파할 수 있는 융복합 연구 가속화

"대학-국가 위한 일… 가혹해도 어쩔 수 없어"

카이스트 '테뉴어 심사' 총괄 장순흥 인사위원장 인터뷰

한국과학기술원(카이스트) 장순흥(53 · 핵공학 · 사진) 교학부 총장은 28일 기준이 대폭 강화돼 15명의 교수를 한꺼번에 탈락시킨 카이스트의 테뉴어(tenure · 정년 보장) 심사 제도에 대해 "가혹하다는 지적이 있을 수 있지만 국제적인 경쟁력을 갖추려면 어쩔 수 없으며 기필코 이 제도를 정착시킬 것"이라고 말했다.

장 부총장은 이날 본보와의 인터뷰에서 "21세기는 지식인의 경쟁력이 국가경쟁력을 좌우할 것이다. 앞으로 5년 정도 강화된 테뉴어 심사 제도를 지속하면 이 제도는 안정 궤도에 들어설 것"이라며 이같이 강조했다.

그는 카이스트 교원 인사위원장 자격으로 올해부터 대폭 강화
돼 6~8월 처음 실시된 카이스트 테뉴어 심사를 총괄 지휘했다.
엄격하게 진행된 첫 심사에서 신청자 35명 중 43%인 15명이 탈
락해 대학가에 큰 파문이 일고 있다.

장 부총장은 탈락한 교수들의 반발 가능성에 대해 "테뉴어 심사
제도는 카이스트의 국가경쟁력을 높인다는 뚜렷한 명분이 있고
탈락한 교수들도 이해할 것"이라며 "나이와 혈연, 지연에 구애
받지 않고 연구 성과를 중심으로 공정하게 평가했기 때문에 어
떤 항의에도 대처할 수 있다"고 말했다.

동아일보 2007.09.29
지명훈 기자 mhjee@donga.com

주10) 테뉴어 제도(참고 : 카이스트 기관운영백서/서남표,
pp.66~68)

http://www.kyosu.net/news/articleView.html?idxno=14801

'피어리뷰'로 질적 기준 강화

"종신교수 탈락은 세계 대학과 경쟁하기 위해서는 불가피한 선택"이라고 말하
는 서남표 카이스트 총장. 서 총장의 개혁 드라이브가 대학가에 파장을 일으키
고 있다. 교수 정년보장제도에 어떤 변화가 일어날지 주목된다.
사진은 지난9월19일 카이스트에서 열린 제2회 총장자문위원회 회의 모습.

[초점] 카이스트, '정년보장' 심사 어떻게 했나

'교수임용=정년보장'이라는 통념을 깨고 교수도 대학에서 퇴출될 수 있다는 경고를 보낸 카이스트. 미국 MIT에서 36년간 교수로 지내다 지난해 6월 카이스트 총장에 선임된 서남표 총장이 칼을 빼들었다.

서 총장은 취임 이후 교원인사규정을 개정, 정년보장 심사 기준을 바꿨다. 전에는 정년보장 심사를 위한 자격기준이 정교수로 7년 이상 재직해야 심사를 받을 수 있었지만 서 총장은 신임교수로 임용된 뒤부터 8년 이내에 무조건 정년보장 심사를 받도록 했다. 예전에는 40대가 넘어서야 정년보장이 가능했지만, 규정이 바뀐뒤부터는 '30대'에도 정년보장 여부가 가려진다. 40대가 넘어서 퇴직을 하게 되면 다른 곳으로 옮기기도 힘든 현실을 감안해 젊고 유능할 때 카이스트에 계속 머물지 여부를 결정한다는 것이다. 또, 동료 평가를 강화한 것도 변화의 핵심으로 해석되고 있다.

카이스트 정년보장 심사 강화 규정을 보면, 세세하게 눈여겨 볼 대목이 많다.

ㅁ '동료 평가' 도입'질적 평가' 강화=양적 평가에서 질적 평가

를 강화하고 '피어 리뷰'(Peer Review, 동료 평가)를 도입해 질적 평가를 강화하는 방향으로 심사 기준을 마련한 데 주목해야 한다.

카이스트는 지난 2003년 3월 1일자 인사심의부터 양적 평가에서 '질적 평가'로 평가체계를 전환했다. 교수의 논문숫자를 중심으로 정량적 평가를 중심으로 해 온던 평가방식에서 논문의 임팩트 팩터를 중시하고, 재임용·승진 심사에서 외국의 교수를 중심으로 한 '피어 리뷰'를 도입했다.

서 총장 취임 이후에는 정년보장 심사에서도 '동료 평가'를 처음 적용했다. 지난 3월 1일자 인사심의부터다.

각 대학마다 정년보장·승진·재임용 심사에서 기준을 강화해 왔던 대학들은 정량적 평가의 한계를 인식해 질적 평가 도입에 대한 필요성을 느끼고 있지만, 본부 중심의 평가체제는 정량적 평가가 중심이 될 수밖에 없다.

카이스트의 정년보장 심사 규정의 핵심 변화는 '동료 평가'의 도입이라고 말하는 이광형 교무처장은 "같은 과, 같은 학교에 있어도 어떤 한 교수가 세계적으로 어느 정도 수준인지 모르는 경우가 많다"며 "전 세계 대학에서 같은 전공의 우수한 학자를 찾아 동료 평가를 요청한다. 해당 분야의 가장 정확한 평가가 가능하다"고 설명한다.

카이스트는 학과장 책임 하에 외국 대학 교수 4명, 국내 대학 교수 4명, 학내 교수 4명에게 동료 평가를 받고 있는데 여러 각

도에서 평가가 가능하다.

이 처장은 "과거에는 논문의 편수로 평가하다가 이제는 논문 편수는 보지 않는다"고 말했다.

이번 카이스트의 정년보장 심사 강화 조치가 '탈락'에 무게가 실리고 있지만, 질적 평가를 강화하는 계기로 삼아야 한다는 학계의 목소리도 높다. 교수사회는 동료 평가 방식이 확산되기를 기대하고 있다.

ㅁ 신규 임용되면 8년 내에 무조건 '테뉴어 심사' =정년보장 심사를 받을 수 있는 시기와 자격기준도 확 바꿨다. 지난 2007년 2월 이전까지는 카이스트에 정교수로 7년 이상을 재직해야 정년보장 심사를 받을 수 있었다. 카이스트는 정교수로 승진이 돼도 바로 정년보장이 되지 않고, 따로 정년보장심사를 받아야 한다. 서 총장은 이 규정을 신규 임용된 이후부터 8년 이내에 무조건 정년보장 심사를 받도록 했고, 교수 뿐 아니라 조교수, 부교수도 정년보장 심사 신청이 가능하도록 했다. 정년보장 심사에서 탈락하면 임용계약기간 만료와 함께 자동 면직 처리된다. 2007년 1월 1일 이후에 임용된 교수들은 이 규정을 적용받는다. 2006년 12월 31일 이전 임용자는 이 규정과 함께 기존의 '정교수로 7년 이상 재직' 한 후 정년보장 심사를 받도록 한 규정에 의거, 본인의 희망에 따라 선택할 수 있다.

카이스트는 신임교수의 연구환경 개선책으로 '정착 연구비'로 2

억~2억5천만 원을 지급하고, 사택을 제공해 주고 있다. 한 학기 책임 학점은 3학점이다.

카이스트 교수는 현재436명. 이 가운데 226명(51.8%)이 정년보장을 받은 상태다.

□ "젊고 유능한30대에 정년보장 여부 가린다"

카이스트는 2007년 9월 1일자 정년보장 심사에서 정년보장 심사 신청자 38명 가운데 15명(39.5%)이 심사에서 탈락했다. 과거에는 탈락이 거의 없었다.

카이스트는 2007년 9월 1일자 정년보장 심사에서 정년보장 심사 신청자 38명 가운데 15명(39.5%)이 심사에서 탈락했다. 과거에는 탈락이 거의 없었다.

예전의 정년보장 심사 규정에 따르면, 정교수로 7년 이상을 재직하고 나면 40대 중·후반에서 50대 초반에 이른다. 정년보장 심사에서 탈락해 다른 대학으로 옮기기에는 부담스러운 나이일 수 있다. 대학 입장에서도 부담스럽기는 마찬가지다.

카이스트는 신규 임용된 뒤에 8년 이내에 무조건 정년보장 심사를 받게 함으로써 30대에 정년보장 여부를 가릴 수 있도록 했다. 다른 대학이나 기관으로 자리를 옮기기가 비교적 쉬울 수 있어서, 대학 입장에서도 과감하게 추진할 수 있다는 판단에서다. 전형적인 미국 대학 모델을 따른 셈이다. 그러나 이런 시도가 현실화 될 경우 교수시장의 유동성 확대로 이어질 수 있을지는 아직 미지수다.

서남표 총장은 지난 7월 취임 1주년을 맞아 '세계 10대 대학 발전 전략'을 위한 '카이스트 발전 5개년 계획'을 발표했다. 카이스트는 '세계 최고의 과학기술대학'이라는 목표를 잡고 2011년까지 세계 10대 대학으로 진입하겠다고 선언했다.

김봉억 기자 bong@kyosu.net
http://www.donga.com/news/article/all/20071001/8494724/1
https://www.hankyung.com/news/article/2007101143171

주11) 2008.8.14. 류근철 박사 578억 기부

2008년 5월 말 카이스트를 방문했을 당시 면학에 열중해 있는 학생들을 보며 한국의 미래가 여기 있구나 하는 확신을 가졌다며, 우리나라가 선진국으로 가려면 과학기술 발전이 필수적이고 미래의 과학기술 인재 양성을 책임질 곳이 카이스트라고 확신했다.

주12) 2009.8.12. 76원으로 일군 거액의 재산 기부_
평생을 피땀으로 일군 300억 상당 부동산 카이스트
발전기금으로 기부 (IT 빌딩 건립)

최고의 과학기술 인재양성이 국가의 미래라는 신념으로 기부 결심-카이스트가 내 꿈을 이뤄줄 것으로 믿는다. 카이스트가 세계 최고의 과학기술로 국민 모두가 잘 살 수 있는 나라를 만

주13) 2007.9.19. 박병준 홍정희 미화 1,000만 달러 (약 94억) 기부

들어 달라"

"카이스트는 아주 유망하고 뛰어난 인재들이 모인 우수한 학교인데도 미국 톱(Top) 대학들에 비해 재정적인 지원이 너무 박하다"며 기부배경을 설명했다.

또 "앞으로는 분야 간 융합연구가 중요한데 카이스트가 새 분야의 융합 연구로 10년 후 한국을 먹여 살릴 기술개발을 위한 KI(카이스트 Institute·카이스트연구원) 빌딩 건립을 추진한다는 말을 듣고 기부하게 됐다"고 덧붙였다.

박 회장은 "한국에서도 정부나 기업·개인의 기부문화가 활성화돼 교육과 연구에 재정적인 지원이 늘어나야 카이스트를 비롯한 우리 대학들이 세계적인 대학과 경쟁할 수 있다"며 "국내 젊은이들이 세계적인 인물이 되는 데 도움이 된다면 앞으로도

주14) 2010.6.17. 파팔라도 메디컬센터 준공

닐 파팔라도 회장 부부가 기부한 250만 달러를 포함해
약 80억원 건립

기부를 계속할 생각"이라고 밝혔다.

닐 파팔라도 회장은 "메디컬 센터가 카이스트 학생과 교직원을
위한 전문적인 의료시설이 되기를 바란다고 말했다."

주15) OLEV / Mobile Harbor

주16) CNN(참고 카이스트신문 325호, 2009.11.11.)

CNN, KAIST에 주목하다
한국 특집 방송 우리 학교에서 촬영해

[325호] 2009년 11월 11일 (수)   이민주 기자 ✉mwlee@kaist.ac.kr

지난달 21일 세계 최대의 뉴스채널인 CNN이 우리 학교 문지캠퍼스에서 한국 특집 방송 'Eye on South Korea'를 촬영했다.

이날 방송에서는 온라인 전기차, 모바일 하버 등 우리 학교에서 진행하는 연구와 인간형 로봇인 휴보(HUBO)가 소개되었다. CNN의 간판 앵커 크리스티 루 스타우트 (Kristie Lu Stout)는 우리 학교를 '한국의 MIT'라고 소개하며 우리나라의 기술 혁신을 주도하고 있다고 설명했다. 스타우트 씨는 직접 온라인 전기 버스에 탑승해 서남표 총장과 인터뷰를 진행하기도 했다.

서 총장은 인터뷰에서 온라인 전기차를 소개하며 "하이브리드 자동차나 배터리식 전기차도 차세대 전기차로 주목받고 있지만, 온라인 전기차만큼 경제적이고 친환경적이지 못하다"라며 연구의 필요성을 강조했다.

이번 CNN 한국 특집 방송 'Eye on South Korea'는 세계적 경제 위기에서 빠르게 벗어난 우리나라의 잠재적 역량에 초점을 맞추어 편성된 프로그램으로, 지난달 19일부터 23일까지 매일 90분씩 방송되었다. CNN은 한국의 기술 발전에 우리 학교가 이바지한 바를 높이 평가해 취재 대상으로 선정했다.

주17) 2010.5.27. 강원랜드에서 최고액 잭팟에 당첨된 안모씨는 7억 6680만원 전액 카이스트에 기부

안모씨는 "가정형편이 어려워 배운게 없이 자랐다"며 "해서 평소 배움에 대한 동경이 컸고 얼마 전 TV를 통해 한국 과학기술에 대한 지원이 절대적으로 필요하다.는 내용을 접했다"고 밝혔다.

그는 "이대로 가다간 조만간 중국에 뒤쳐질 수 있다"고 했다며 "한국 과학기술 발전을 위해 유용하게 쓰였으면 좋겠다"라고 기부 이유를 말했다.

주18) 교원임용시스템 개선(참고 : 카이스트 기관운영백서/ 서남표, pp.60~61)

■ **추진배경**

ㅇ 카이스트의 경쟁력 강화를 위해서는 우수교수의 영입이 필요하지만 국내외 톱클래스 대학들의 유치 경쟁이 치열하게 전개되고 있기 때문에 재정 능력이 상대적으로 취약한 카이스트는 불리한 여건

ㅇ 우수한 교원은 인종, 국적, 성별에 관계없이 유치한다는 방침에 맞춰 우수교원을 적기에 유치하려면 조직의 역동성 제고와 신속한 의사결정 시스템이 필수

ㅇ 학과에 인사권을 대폭 이양하는 임용 시스템으로의 전환이 필요

■ **목적**

ㅇ 우수 교원 유치를 위한 시스템 개선

  - 폭넓은 전문가 풀을 확보하기 위해 지원자 채용의 채널 확대

  - 적임자에 대한 즉각적인 접촉 및 신속한 임용조치가 이뤄질 수 있도록 복잡한 심의단계 축소 및 임용승인 절차 개선

■ 주요 내용 및 실적

○ 학과장 간담회를 수차례 개최해 학과장에게 인사권을 부여하는 규정 시행(2006년 9월)

○ '학과심의위원회'를 '학과인사자문위원회'로 변경

○ 학과별 발굴위원회(Search Committee)를 구성, 우수 교원의 상시적 임용 채널 마련

○ 신임 교수의 경우 과거의 업적보다는 미래 발전 가능성, 창의성 등을 보고 임용

○ 해외 유명 학술저널(네이처, 사이언스 등)에 카이스트 안내 · 홍보 채널 확대

○ 테뉴어 교원임용 및 교수 · 부교수 임용 시 이사회 의결사항을 보고사항으로 변경하여 9단계였던 임용 절차를 5단계로 간소화(정관 등 규정 개정)

○ 체계적인 우수인력 유치전략 수립 및 계획에 의한 인적자원 확보

■ 파급효과 및 의의

○ 교수임용 절차를 혁신적으로 간소화하고, 유능한 인재 확보를 위해 학과장이 중심이 되는 인사시스템을 운영함으로써 신속하고 탄력적인 임용시스템 구축

○ 신임교원 유치 시 카이스트의 비전 실현을 위한 전략적 접근
을 고려해 미래 지향적인 집중육성 분야의 인재를 우선 등용
하고, 적기에 우수교원 초빙

[신임교원 임용절차 개선]

절차	기존 (2006년 이전)	개선 (2006년 이후)
지원자 Recruiting (후보자 발굴 및 수시 접수) 〈채널 확대〉	– 카이스트 홈페이지 – 학과 Search – 국내 일간지(국문)	– 카이스트 홈페이지 – 학과 발굴 위원회 – 국내 일간지 및 일간지 홈페이지 – 해외 학술저널 (Nature, Science 등)
지원자 인터뷰	– 학과/전공 예비심사(서류) – 총장, 부총장, 교무처장 합동 서면 적격심사	– 학과/전공 예비심사 (서류)
〈2단계 → 1단계〉	– 세미나 및 Chalk Talk – 학부장 인터뷰	– 세미나 및 Chalk Talk
지원자 평가 〈4단계 → 2단계〉	– 학과/전공 인사심의회(1차) – 학부 교원인사심의회(2차) – 교원인사위원회(3차) – 총장, 부총장, 교무처장의 합동 인터뷰(최종)	– 학과/전공 인사자문위원회 (1차, 타학과 교수참여) * 교원인사위원회(2차, 필요시) – 총장, 부총장, 교무처장, 카이스트 연구원장, KI연구소장 합동 인터 (최종)
임용 〈1단계〉	– 총장 승인 및 인사발령 – 총장-이사회 승인 후 인사발령(부교수 이상)	– 총장 승인 및 인사발령 – 총장-이사회 인사발령사항 보고
임용 단계 축소 효과	신임교원 임용의 신속성 확보 〈9단계 → 5단계〉	

우수인력 유치를 위한 부문별 추진전략 정년보장·재계약 제도 개선

부문별 전략	세부내용
연령별/직급별 차별화된 임용전략	– 신임교수 : 미래 잠재력, 창의성, 도전정신 중시 – 중견교수 : 검증된 능력을 중시하되 미래 과학 발전 분야 부합 여부 및 융합연구 수행 가능성에 초점
융복합 분야 임용	– 신학문 분야 및 융합연구를 장려할 수 있도록 KI연구소에 겸임교수로 유치, 기존교수의 연구영역 확대
EEWS 분야 임용	– High–Risk, High–Return 분야에 진취적이고 우수한 과학자 유치 – 신성장동력 창출을 위한 기술개발 및 융복합을 선도할 해외학자 유치 WCU사업 관련 석학교수 초빙
WCU사업 관련 석학교수 초빙	– 미 공학한림원 회원, 세계적 수준의 연구업적 보유학자 등 세계 최고 수준의 석학을 전일제 또는 비전일제 교수로 영입 – 교육 · 연구의 국제화 및 영어공용화 캠퍼스(Bilingual Campus) 실현을 위한 외국인 전임직 교수 유치 확대
외국인 교원 및 여성교수 우대 (활용 극대화)	– 연구 연가제를 이용한 교환교수 유치 및 캠퍼스의 국제화 (영어강의 확대,English Zone 추진) – 학생들의 강의·연구·교육자문을 위해 전임교수를 초빙교수로 활용 – 모집공고에 여성 우대조항 삽입 및 학과평가 시 가중치 반영

■ **추진배경**

○ 세계 정상급 대학들은 최고의 교수진 확보를 위해 영년직 심사를 강화하고 있는 상황

※ 미국 하버드대학은 상위 20%의 교수만 정년을 보장하고, 스탠포드대학은 20~30%의 교수에게만 테뉴어 부여

○ 반면 국내 대학들의 경우 테뉴어를 연공서열에 따른 혜택으로 여기는 관행 때문에 심사 통과율이 100%에 육박

※ 2005년 국정감사 당시 이주호 의원 조사 결과, 46개 국 · 공립대 영년직 통과율 96.6%

○ 카이스트가 세계 명문대학들과 경쟁하고 세계 최고 연구중심대학으로 도약하려면 혁신적 · 창조적 교수진 확보가 중요하며, 이를 위해서는 선진국형 '테뉴어 제도' 정착이 시급

■ **목적**

○ 종전의 연공서열식 또는 양적인 성과 위주의 인사평가시스템을 과감히 탈피하고, 실력과 질적 성과를 본위로 한 평가로 전환

■ **주요 내용 및 실적**

○ 2006년 8월 학과장 중심의 인사시스템 도입과 함께 테뉴어

심사제도 강화 방안 논의

- 학과장 간담회 등을 거쳐 2006년 11월 전체교수회의에 새로운 테뉴어 제도 보고 후 구성원들의 의견 수렴

- 인사규정 등 관련 규정과 지침을 개정하여 2007년 1월 1일 이후 신규 임용자부터 새로운 제도 적용

- 기존의 교원들에게도 새 제도에 맞춰 영년직 및 재임용 심사 강화

O 변경된 제도 주요 내용

- 테뉴어 심사시기 : '정교수 승진 후 7년 이상'에서 직급에 관계없이 '신규 임용 후 8년 이내'로 변경

- 심사시기를 기존 대비 6년 10개월 단축 :테뉴어 교수 심사에 투입되는 시간을 줄여 연구에 전념할 수있는 여건 조성

- 테뉴어 임용에 탈락할 경우 재계약 기간 동안 임용 후 면직

O 연구의 양적 평가를 지향하고 질적 평가로 전환, Interna -tional Peer Review 제도 도입

- 인사 관련 규정의 승진 최소 요건 중 국제논문 및 편수 조항 삭제(논문 및 특허의 개수가 아닌 질적 수준으로 평가)

- 외부평가서는 국외평가서 비중을 50% 이상으로 조정

- 영년직 Peer Review : 국외 4장, 국내 4장, 내부 4장

○ 테뉴어 및 재계약 심사 통과율 변화(신청인원 대비 추천인원 비율)

- 영년직 통과율 : 2006년 94% → 2007년~2012년 평균 약 80%

- 재계약 통과율 : 2006년 100% → 2007년~2012년 평균 약 93%

■ **파급효과 및 의의**

○ 실력 본위의 혁신적 인사시스템 구축을 통해 카이스트의 인적자원 역량 제고

○ 세계가 인정하는 최고 수준의 교수그룹을 구축하여 최상의 교육·연구성과 창출

- 글로벌 과학기술계를 선도할 우수인력 배출

- 탁월한 이론 및 신기술 창출로 세계 과학 기술계 선도

주19) ICU 통합

주20) 한국영재학교 통합(카이스트 부설)

주21) 카이스트 세계대학 순위 현황

구분	QS	THE	공학 순위
2005			THE/QS
2006	198		
2007	132		34
2008	95		
2009	69		21
2010	79		24

카이스트 혁신 화보집

사진제공: 카이스트 PHOTO 홈페이지 및 윤상필

133

▲ 천막 시위 중(2000.12.04)

▲ 카이스트 헤럴드(2000.12.07)

령형한 신경전/ 최덕인 원장(우)과 장순식 과기노조 위원장(좌)이 협상 중이다. 이날 회의는 17시간동 안 지속되는 기운데 양측의 입자 차로 결렬되고 말았다

▲ 노사 협상 중—카이스트 타임지(2000.12.04)

▲ 노사 협상 중—카이스트 타임지(2000.12.04)

▲ 박병준 회장 발전기금 전달식(2007.09.19)

▲ 류근철 회장 발전기금 약정식(2008.08.14)

▲ 메디컬센터 기공식2008.09.10)

▲ 김병호 회장 발전기금 약정식(2009.08.12)

▲ 도날드 김 발전기금 약정식(2009.09.23)

▲ ICU_통합대학_출범식(2009.03.02)

▲ ICU_통합대학_출범식(2009.03.02)

▲ ICU_통합대학_출범식(2009.03.02)

▲ ICU_통합대학_출범식(2009.03.02)

▲ Hubo(2009.10.21) CNN 취재 방문

144

▲ 올레브 전기차 (2009.10.21) CNN 취재 방문

▲ 올레브 전기차 현장 방문(2009.10.21) CNN 취재 방문

▲ Hubo(2009.10.21) CNN 취재 방문

▲ Hubo(2009.10.21) CNN 취재 방문

▲ Hubo(2009.10.21) CNN 취재 방문

▲ Hubo(2009.10.21) CNN 취재 방문

▲ 온라인 전기차_시연 (2010.03)

▲ 온라인 전기차_시연 (2010.03)

▲ 조천식 회장 약정식(2010.06.18)

▲ 스포츠 컴플렉스 준공식(2010.07.06)

▲ 스포츠 컴플렉스 외부(2010.07.12)

▲ 스포츠 컴플렉스 야경(2010.08.12)

▲ 정문술 빌딩(2010.07.22)

▲ K1 빌딩(2010.07.22)

▲ IT 융합빌딩

▲ 김병호 IT융합빌딩 준공식

▲ KI 빌딩 준공식

카이스트 혁신, 10년 2001~2010

지은이 | 장순흥
만든이 | 하경숙
만든곳 | 글마당
편집 디자인 | 정다희
(등록 제02-1-253호, 1995. 6. 23)

만든날 | 2019년 9월 10일
펴낸날 | 2019년 9월 28일

주소 | 서울시 송파구 송파대로 28길 32
전화 | 02. 451. 1227
팩스 | 02. 6280. 9003

홈페이지 | www.gulmadang.com
이메일 | vincent@gulmadang.com

ISBN 979-11-90244-01-5(03300)